Lexikon der historischen Krankheitsbezeichnungen

Lexikon der historischen Krankheitsbezeichnungen

von Hermann Metzke
unter Mitarbeit von Simone Heydemann-Metzke

mit einem Geleitwort von Wolfram Kaiser

Verlag Degener & Co., Neustadt an der Aisch
2005

Abbildung: Aus dem mittelalterlichen Hortus Sanitatis (1482):
Arzt und Aszites-Patient

ISBN 3-7686-1051-9

http://www.degener-verlag.com • e-mail: Degener@degener-verlag.de

Druck: und Bindung: dimograf, Bielsko-Biala

Vorwort

Das Datenmaterial für das vorliegende Buch wurde ursprünglich als Beitrag zu einem vom Bibliographischen Institut Leipzig geplanten Lexikon „Familienforschung“ zusammengetragen. Das Manuskript lag im Oktober 1989 druckfertig vor. Nach der Wende sah sich der Verlag nicht mehr in der Lage, das Buch herauszubringen und gab die Rechte an die Autoren zurück. Das Entgegenkommen des Degener-Verlages ermöglicht jetzt die Publikation des damals erarbeiteten und inzwischen wesentlich erweiterten Materials.
Aus Gründen der deutschen Entwicklung nach dem zweiten Weltkrieg liegt der Schwerpunkt genealogischer Publikationen heute im nordwest-, west- und süddeutschen Raum. Das Team der Mitarbeiter des o.g. Lexikons hatte sich deshalb zum Ziel gesetzt, vor allem auch die den mitteldeutschen Raum betreffenden Lücken zu schließen. In einem ersten Arbeitsschritt wurde daher zu erfassen versucht, welche Bezeichnungen für die Todesursachen in den Sterberegistern im südlichen Sachsen-Anhalt im späten 18. und im frühen 19. Jahrhundert verwendet wurden, um das Stichwortverzeichnis von daher aufzubauen. Weiterhin wurde Originalliteratur des 18. Jahrhunderts auf gängige Krankheitsbezeichnungen durchgesehen. Erst sekundär sind die in modernen Lexika und Handbüchern enthaltenen Begriffe nach kritischer Sichtung der Übersetzungen einbezogen worden. Das Buch enthält sowohl wissenschaftliche, aus dem Griechischen oder Lateinischen stammende Begriffe als auch - soweit erfaßbar - mundartliche Bezeichnungen. Desgleichen wurde versucht, einen Mangel auszugleichen, den die meisten zugänglichen Lexika aufweisen: Da die Verfasser meist Historiker oder Philologen sind, die nur bedingt über medizinische Fachkenntnisse verfügen, erfolgt die Übersetzung nicht selten mit veralteten Begriffen, die modernen Vorstellungen nicht mehr standhalten und selbst einer Interpretation bedürfen (Phthise = Schwindsucht).
Das vorliegende Buch wendet sich einerseits an den Genealogen und den Heimatforscher, aber auch an professionelle Historiker, die mit Krankheitsbezeichnungen des 16.-19. Jahrhunderts in Berührung kommen. Dem Forscher sollte ein preiswertes Nachschlagewerk für gängige Krankheitsbezeichnungen an die Hand gegeben werden, das ihm ermöglicht, die vorgefundenen Begriffe zu verstehen und seine Forschungen in einem wichtigen Bereich zu ergänzen. Es soll andererseits ebenso Ärzten, die an der Medizingeschichte interessiert sind, ohne sie selbst professionell zu betreiben, als Informationsmaterial an die

Hand gegeben werden. Aus diesem Grund werden für die Interpretation der historischen Krankheitsbezeichnungen sowohl medizinische Fachbegriffe als auch (hoffentlich) dem medizinischen Laien verständliche Erklärungen verwendet.

Bei der Vielfalt der Schreibweisen und der mundartlichen Begriffe ist Vollständigkeit nicht zu erreichen. Im Einzelfall kann es sicher erforderlich sein, in einem altgriechischen oder lateinischen Wörterbuch nachzuschlagen oder eines der alten Lexika zu Rate zu ziehen. Kritik und Hinweise auf fehlende Begriffe sind jederzeit willkommen. Zu danken haben wir Prof. Dr. Dr. Wolfram Kaiser, Leiter des Lehrstuhls für Geschichte der Medizin der Martin-Luther-Universität Halle-Wittenberg für wichtige Hinweise und die Durchsicht des Manuskripts sowie Herrn Manfred Dreiss, dem Inhaber des Degener-Verlages Neustadt/Aisch, für sein Entgegenkomen bei der Drucklegung des vorliegenden Büchleins.

Erfurt, 28.12.94
Priv.-Doz. Dr. med. Hermann Metzke

Inhaltsverzeichnis

Historische Aspekte zur Entwicklung von Krankheitsbezeichnungen

In Abänderung eines klassischen Ausspruchs zur Geschichte von Buch und Buchedition - habent sua fata libelli - ist man bei dem Anliegen der Aufzeigung von historischen Krankheitsbezeichnungen geneigt, diesen Satz in „habent sua fata nomina morborum“ zu modifizieren. Denn die Geschichte krankheitsbezogener Termini ist in ihrer Vielfalt ein Sonderkapitel der Medizinhistorie, das in seinen Details weit über das konventionelle Programm eines Fachchronisten hinausgeht. Wie und durch wen kam es zu bestimmten, zum einen Teil bis heute gebräuchlichen und zum anderen aus dem Sprachgebrauch der Gegenwart ausgeschiedenen Begriffen? Wann entstanden diejenigen Formulierungen, die dem Leser unserer Tage in medizinischen Lexika begegnen und dort aus lateinisch-griechischen Wurzeln gedeutet werden? Fragen dieser Art sind nicht neu, wurden sie doch in ähnlicher Form bereits von medizinischen Hochschullehrern früherer Jahrhunderte aufgeworfen, wenn sie in der Phase der noch dominierenden Unterrichtslatinität ihren Hörern fachbezogene Termini hinsichtlich ihrer eigentlichen Bedeutung interpretierten. Hallesche Professoren wie Johann Heinrich Schulze (1687-1744) und Johann Gottlob Bernstein (1747-1835) taten das in Wort und Schrift und waren sich im klaren, daß die Herausbildung einer spezifischen Medizinerlatinität und -gräzistik nicht zuletzt durch die mittelalterlichen Schulen z.B. von Salerno und Monte Cassino mitbestimmt worden war. Das aber waren Institutionen, in denen Mönche (meist medizinische Laien) die Werke und damit auch die Termini der damals führenden arabischen Heilkunde, die ihrerseits das klassische Erbe bewahrte und weiterentwickelte, wortgetreu übertrugen. Entstand auf diese Weise oft ein begrifflicher Wirrwarr, so kam hinzu, daß sich parallel zur ärztlichen „Gelehrtensprache“ eine volksmedizinische Terminologie herausbildete, die Krankheitsbezeichnungen aus oft treffenden Einzelsymptomen formulieren ließ und die in der Bevölkerung schnell Fuß faßte.
Die Fachsprache benutzte vorerst die letztere Terminologie nur dann, wenn es um ein Aufklärungsschrifttum ging, das auf nichtakademische Kreise ausgerichtet war. Die medizinische Publizistik war fast durchweg lateinisch, es sei denn, daß es um die Aus- und Weiterbildung von Wundärzten ging, denen es im allgemeinen an einer gymnasialen Basis mangelte. An den Medizinischen Fakultäten blieb das Lateinische bis ins 19. Jahrhundert hinein die übliche Unterrichtssprache; ein deutschsprachiges Promotionsreferat war nicht statt-

haft, und auch die Inauguralschrift hatte man lateinisch in den Druck zu geben. Nach und nach wurde das Lateinische aber zum Problemfall, weil viele der angehenden Mediziner die notwendigen schulischen Voraussetzungen nicht mehr mitbrachten. Der 1832 in Halle immatrikulierte Pharmazeut Friedrich Traugott Kützing (1807-1893) berichtete in seinen Memoiren, daß seine Kollegen der ärztlichen Couleur „oft die lateinische Diagnose nicht verstanden. Und die Schnitzer erst, die ihre nachgeschriebenen Hefte enthielten! Dann, wenn die Doktorpromotionen stattfanden - Himmel! was wurde da alles in Bewegung gesetzt, um erstens die lateinische Dissertation zu Wege zu bringen und zweitens die lateinische Komödie einzuüben, die bei der mündlichen Verteidigung der aufgestellten Thesen aufgeführt wurde!"

Mehr noch als die lateinischen traten bei den einzelnen Absolventen die griechischen Voraussetzungen in den Hintergrund. Johann Gottlob Bernstein hat das beklagt, ohne allerdings viel an der Entwicklung ändern zu können. Hinsichtlich der dadurch schwindenden Ableitungsmöglichkeit der Fachtermini bzw. der Krankheitsbezeichnungen vermerkte er in seinem „Handbuch nach alphabetischer Ordnung":

„Mir war es besonders befremdend, von einigen die Arzneikunde Studierenden zu hören, die griechische Sprache sey um deswillen nicht mehr nöthig, weil man jetzt alle in dieser Sprache geschriebene Werke in Übersetzungen lesen könne. Allein, wenn auch dieses wäre, so ist es doch bey weitem noch keine hinlängliche Ursache zur Vernachlässigung der Sprache... Man bleibt daher bei den Benennungen der Alten, welche größtentheils griechischen Ursprungs sind. Daß diese einem Anfänger umso faßlicher sind, und sich ihren Gedächtniß leichter einprägen lassen, so bald er ihren Ursprung weiß, ist wol unbezweifelte Wahrheit."

Bei einer trotz dieser Mahnungen nicht aufhaltbaren Entwicklung wurde es schließlich erforderlich, Fachtermini außerhalb des Weges über spezielle Sprachkenntnisse zu erläutern. Heutzutage erfolgt das über ein medizinisches Spezialkolleg. Eine optimale Lösung mag das nicht sein, doch ist es immerhin ein Weg, Worthülsen mit begrifflichen Vorstellungen zu verbinden. Etwas anders liegt die Situation bei den volksmedizinischen Termini der Vergangenheit. Aus der Umgangssprache sind sie weitgehend verschwunden. Wer spricht schon noch von Schwindsucht, wenn die Tuberkulose gemeint ist, wer von Rachenbräune, wenn es um die Diphtherie geht? Ein an Hepatitis leidender Patient wird kaum eine „Gelbsucht" schildern, wenn er von seiner Krankheit spricht.

Umso wichtiger, daß sich jetzt ein Vertreter des medizinischen Bereichs der Aufgabe unterzog, auch außerhalb des engeren beruflichen Kreises die Gegebenheiten und Besonderheiten hinsichtlich der historischen Krankheitsbezeichnungen zur Vorstellung zu bringen. Im Rahmen einleitender Vorbemerkungen mag es genügen, mit einigen Einzelbeispielen auf deren Wechselhaftigkeit hingewiesen zu haben. Nicht fehl am Platze ist aber vielleicht eine die alphabetische Auflistung des Autors ergänzende Kodifizierung. Historische Krankheitsbenennungen nach Erstbeschreibern (auch vermeintlichen Erstbeschreibern), nach Orten und Regionen, nach Symptomen und nach Berufsgruppen: eine derartige Vorlauf-Gliederung - wiederum nur anhand von wenigen Beispielen - will das Wesen der vom Autor sorgfältig zusammengestellten Details erläutern und begleiten.

Bezeichnung nach Erstbeschreibern: Im 19. Jahrhundert wurde es in der klinischen Medizin gängig, den Erstbeschreiber neuer Krankheitsbilder im terminologischen Begriff namentlich zu fixieren. Typisches Beispiel wäre der noch in der Latinitätsära nach dem halleschen Kliniker Johann Christian Reil (1759-1813) so bezeichnete Digitus mortuus Reilii, eine im Fingerbereich auftretende funktionelle Durchblutungsstörung. Später wurde daraus der „Reilsche tote Finger", und wenn heute jemand dieses Phänomen diagnostiziert, dann beschreibt er den „toten Finger" und weiß nur selten noch den Namen des Erstbeschreibers. Wegfall des Namens: dieser Vorgang mag chrarakteristisch dafür gewesen sein, daß das Krankheitsbild einen festen Platz im ärztlichen Denken gefunden hatte. Er beschränkte sich im übrigen nicht auf die klinische Medizin. Als der hallesche Hochschulchirurg Friedrich Voelcker (1872-1955) die instrumentelle Pyelographie - ein wichtig gewordenes diagnostisches Vorgehen bei Nierenerkrankungen - beschrieb, hieß das in der Fachsprache „Pyelographie nach Voelcker"; der Name fiel dann allmählich weg. Friedrich Voelcker hat dazu in seinen Memoiren eine interessante Interpretation geliefert: „Der Pyelographie ist es ergangen wie manchen Liedern. Jedermann kennt sie. Überall werden sie gesungen und gepfiffen. Richtige Volkslieder sind sie erst, wenn das Volk glaubt, sie seien im Volke entstanden, vom Volke gedichtet, vom Volke in Musik gesetzt. Das Volk glaubt nicht und will auch nicht wissen, daß die meisten dieser Lieder zwei Väter haben, einen Dichter und einen Komponisten... Wenn ich mich darüber freue, daß die Pyelographie eine Art von Volkslied geworden ist, so muß ich mich logischerweise auch darüber freuen, daß ihre Väter unbekannt und vergessen sind."

In der Moderne hat es auch eine entgegengesetzte Entwicklung gegeben; viele klinische Syndrome sind heute mit Beschreibernamen versehen. Im „Wörterbuch der klinischen Syndrome" haben die Herausgeber (Bernfried Leiber und Gertrud Olbrich) dazu vermerkt: Die moderne Krankheitslehre ist ohne Syndrombegriffe ebensowenig mehr vorstellbar wie deren Nomenklatur ohne Eigennamenbezeichnungen... Das Gebiet der Syndrome samt ihrer Nomenklatur ist heute bereits so umfangreich und vielschichtig, daß man geradezu von einer Wissenschaft der Syndrome, von einer „Syndromatologie" gesprochen hat (Schönfeld). Allein schon die den Syndromen gegebenen Benennungen erfordern Spezialkenntnisse. Daß dabei allgemein Autorennamen bevorzugt werden, muß wohl als ein Zeichen unserer eiligen und schnellebigen Zeit angesehen werden."

Zuweilen reduziert sich die Begriffsfassung einer Krankheitsbezeichnung auf den ersten bzw. auf einen der wesentlichen Beschreiber; in Fachkreisen spricht man vom „Morbus Koch", wenn die Tuberkulose gemeint und gesichert ist. Die Formulierung gilt Robert Koch (1843-1910), der auf diesem Gebiet grundsätzliches leistete. Als „Graves' Disease" - so benannt nach dem irischen Arzt Robert James Graves (1795-1853) - wird im englischsprachigen Schrifttum diejenige Symptomentrias (Schilddrüsen-, Augen- und Kreislaufbefunde) geführt, die in der deutschen Terminologie mit dem Namen von Carl A. von Basedow (1799-1854) verbunden ist. Graves brachte seine Erkenntnisse 1835 im „London Medical and Surgical Journal" zu Papiere; Basedow, der diese Abhandlung nicht kannte, beschrieb 1840 ein gleichartiges Geschehen.

Namenskappung als Politicum: Dieses in der Geschichte der Krankheitsbenennungen höchst unerfreuliche und beschämende Kapitel hat es in Deutschland in den Jahren zwischen 1933 und 1945 gegeben. Bestimmte organische Durchblutungsstörungen, wie sie Leo Buerger (1879-1943) angegeben hatte, wurden bis dahin nach ihm benannt. Der Chirurg Rudolf Nissen (1896-1981) schilderte in seiner Autobiographie eine bezeichnende Situation: „Ein Chirurg, der einen Vortrag über Endarteriitis obliterans, eine Blutgefäßerkrankung, hielt, schloß seine Ausführungen mit den Worten: 'Zum Schluß noch eine Bitte: Sprechen Sie nicht von Buergerscher Krankheit. Wir Deutschen haben wahrhaftig keine Veranlassung, eine Krankheit nach einem amerikanischen Juden zu benennen, wenn sie schon Jahrzehnte vorher von einem deutschen Chirurgen beschrieben wurde' - so gedruckt im damals führenden Organ der deutschen Chirurgie."

Krankheitsbenennungen nach Orten, Regionen und Ländern: Merseburger Trias, Schneeberger Krankheit, Pariser Dysenterie, neapolitanische Seuche: das sind

Namen, die aus unterschiedlichen Gründen Ortschaften in Krankheitsbenennungen verankerten. Die Merseburger Trias ist identisch mit dem Begriff der Basedowschen Krankheit, die der „Zweit"-Beschreiber von hier aus zur Kenntnis brachte. Die seit dem Mittelalter bekannte Schneeberger (auch Joachimsthaler) Krankheit war lange als Kobalt- oder Arsen-Intoxikation gedeutet worden und galt als Berufsrisiko der dort tätigen Bergarbeiter. Heute weiß man, daß der Abbau von Uranerz die entscheidende Rolle spielt und das Edelgas Radon, ein Zerfallsprodukt von Radium 226, den auslösenden Faktor darstellt. Man weiß jetzt auch, daß nicht nur der im Schacht Beschäftigte gefährdet ist; die gesamte Region ist betroffen, sind doch die in die Häuser gelangenden verstrahlten Staubpartikel als Krebserreger identifiziert.

In seinem Buch über Volksarzneimittel sah sich 1826 Johann Friedrich Osiander veranlaßt, den Frankreich-Reisenden auf die Dysenteria Parisina hinzuweisen:

„Die Dysenteria Parisina ist ein Durchfall, dem Fremde, die nach Paris kommen, gewöhnlich in den ersten Tagen unterworfen sind, und welchen man dem Genuß des filtrierten Seinewassers zuschreibt. Das Übel läßt sich zuweilen heben dadurch, daß man Wasser zur Hälfte mit gutem roten Wein vermischt trinkt."

Das neapolitanische Malheur der im ausgehenden 15. Jahrhundert in Italien eingesetzten französischen Truppenkontingente war die Syphilis, die Lues oder auch Lustseuche, die bald noch weitere Bezeichnungen fand. Unter Regionalaspekt erscheint bemerkenswert, daß sie bei ihrem kontinentalen Weiterwandern in Deutschland zur französischen, in Polen zur deutschen und in Rußland zur polnischen Krankheit wurde. Die Weichselgebiete Polens hielt man übrigens bis ins 18. Jahrhundert hinein für die Entstehungsstätte des sogenannten Weichselzopfes (Plica Polonica), einer Haarverfilzung, die wahrscheinlich auf mangelhafte Körperhygiene zurückzuführen war. Als ungarische Krankheit (Morbus Hungaricus) galt im 17. und 18. Jahrhundert in Deutschland eine von den aus den Türkenkriegen heimkehrenden Soldaten eingeschleppte Epidemie. Es dauerte lange, bis man Gewißheit hatte, daß die durch Läusebisse übertragene Rickettia die Ursache für einen Fleck-Typhus (Feldfieber) bildete und - so der Medizinhistoriker Henry E. Sigerist - die Schlacht zwischen Seife und Laus letztere zweitweilig zum Rückzug zwang. Im ersten Weltkrieg sprach man von Wolhynischem Fieber: bei dieser lokalen Verankerung dürfte es sich in den meisten Fällen ebenfalls um den Fleck-Typhus gehandelt haben. Schmutz und

Mangelernährung (Hunger-Typhus) bildeten gleichsam die Gleitschiene für die konsekutive Verlausung und deren Folgen.

Krankheitsbegriffe nach hervorstechenden Symptomen: Das Nervenfieber des 18. Jahrhunderts (auch bösartiges Fieber) war in den meisten Fällen offenbar ein Abdominaltyphus mit stark ausgeprägten zentralnervösen Erscheinungen. Von einer Kriebelkrankheit sprach man, wenn größere Populationen von Mißempfindungen an Händen und Füßen befallen waren; dieser initiale Kriebel war aber oft nur das Vorstadium zu weitaus Schwererem. Er trat in von Mangelernährung begleiteten Notzeiten auf und wurde nach und nach als Intoxikation durch mutterkornverseuchtes Getreide identifiziert. Ein Duisburger Doktorand schrieb 1770:

„daß das Getreide in ganz Westfalen so schlecht gewesen sei, daß das verstörte Volk, um seinen Hunger zu stillen, sich ungeeignete Nahrung zu verschaffen suchte ... diese Krankheit wurde die Kriebel-Krankheit genannt, weil deren Anfang jedesmal mit Jucken und Kriebeln der Haut verbunden war, und nach welchen die Menschen in sehr wunderbare Zuckungen oder Convulsionen fielen ... worauf die Leute von Verstand kamen, und zuweilen starben ...“.

Die Krankheitsbezeichnung einer Hütten-Katze erhielt ihren Namen nach dem Endstadium einer beim Saigerprozeß gefürchteten Blei-Intoxikation; der schwer Erkrankte nahm eine Schonstellung ein, die an die Fiedelbogen-Haltung einer ruhenden Katze erinnerte. In einem populärmedizinischen Aufsatz der „Wöchentlichen Hallischen Anzeigen“ schrieb der Extraordinarius Johann Gottlob Krüger (1715-1759) im Jahre 1744 zu dieser oft auch von Bleikoliken begleitenden Erkrankung:

„Die Berg-Leute ... bekommen eine Kranckheit, welche hautpsächlich in einer Lähmung der Glieder und krampfartigen Zusammenziehen derselbigen bestehet, das so heftig ist, daß sie dadurch nicht nur gar bald außer Stande gesetzt werden ihre Arbeit zu verrichten, sondern sie können so gar nicht einmal gehen, und wenn das Uebel überhand nimt, so werden sie gantz krum wie ein Fiedelbogen zusammengezogen...“

Symptome als Namensgeber: das gilt auch für die „Tetanie“. Man weiß heute, daß die tonisch-klonischen und ohne Bewußtseinstrübung ablaufenden tetanischen Krampferscheinungen Ausdruck von sehr unterschiedlichen Grundkrankheiten sein können.

Krankheitsbenennungen nach besonders betroffenen Berufsgruppen: bestimmte Berufsgruppen sind stets durch ihre Exposition gegenüber Schadstoffen beson-

ders gefährdet gewesen. Historiker der Montanmedizin haben die „Hütten-Katze“ als typisches Beispiel herausgestellt; der hallesche Hochschulprofessor Adam Nietzky (1714-1780) schrieb diesbezüglich:
„Diejenigen, so bei ihrem Gewerbe Körper von besonderer Wirksamkeit auf ihre Gesundheit behandeln müssen, bekommen auch daher eigene Krankheiten, als die sogenannte Hüttenkatze bei Hüttenleuten ist, die sich mit Beschikkung der Bley- oder Arsenikal-Minern abgeben.“
Viele Bergbaukrankheiten wurden durch Georg Agricola und durch Paracelsus auf spezifische Arbeitsgänge bezogen; Georg Hoffinger (1756-1792) beschrieb eine „Bergkachexie“, die wohl identisch mit der Hakenwurmkrankheit war, die in bestimmten Regionen noch heute die Gesundheit der Bergarbeiter gefährdet. Als Krankheit bevorzugt der Seeleute (Morbus navigantium) galt lange Zeit der Skorbut, dessen Ursache zur Mitte des 18. Jahrhunderts durch einen britischen Marinearzt abgeklärt wurde; er identifizierte ihn als durch diätetische Prophylaxe vermeidbare Karenzkrankheit.
Es bleibt zusammenfassend festzuhalten: die hier für die Geschichte und die Entwicklung von Krankheitsbegriffen vorgenommene Vierergruppierung erhebt selbstverständlich keinen Anspruch auf kausale Vollständigkeit. Die jeweilige Einordnung ist bei derartigen Einordnungsversuchen ohnehin problematisch; wurde z.B. die Schneeberger Krankheit unter den Regionalbezeichnungen geführt, so hätte sie ebenso gut in die Geschichte der Berufskrankheiten eingeordnet werden können. Vermeidbar werden derartige Gruppierungsprobleme bei alphabetischer Ordnung, zu der sich der Autor entschloß. Das Buch bildet auf diese Weise einen Wissensfundus, von dem die historisch interessierten Leser unterschiedlicher Ausbildungsgänge insgesamt profitieren können. Die in unseren Tagen üblich gewordene Schnell-Information wird sie bei bestehendem Bedürfnis dann ohnehin zur weiterführenden Literatur greifen lassen.

Prof. Dr. med. Dr. phil. Wolfram Kaiser

Historische Grundlagen

Für die Interpretation historischer Krankheitsbezeichnungen sind gewisse Kenntnisse der Grundvorstellungen der antiken und mittelalterlichen Medizin erforderlich. Viele medizinische Begriffe des 17./18. Jahrhunderts wurden noch durch die Theorien der Griechen und Römer geprägt, wenn auch seit der Renaissance ein Prozeß der Ablösung der aus antiken Quellen stammenden kanonisierten mittelalterlichen Lehren im Gange war. Die Veränderungen des medizinischen Denkens wurden in der breiten Öffentlichkeit nur langsam wirksam, und die alten Vorstellungen blieben in der Volksmedizin noch lange lebendig. Für den Genealogen, der vor allem in den Sterberegistern mit Todesursachen konfrontiert wird, ist die Kenntnis dieser Zusammenhänge auch deshalb wichtig, weil die Einträge ausschließlich durch Laien (Pfarrer, Küster, Lehrer) erfolgten und eine ärztliche Untersuchung häufig nicht vorangegangen war.

Die mittelalterliche Medizin

Mit dem Zerfall des römischen Reiches ging die Bedeutung der Städte zurück. Sie verloren auch weitgehend ihre Rolle als wissenschaftliche Zentren. Die Vermittlung von Wissen, auch die Bewahrung des antiken Erbes verlagerte sich vor allem in die Klöster. Im Zusammenhang mit den karitativen Aufgaben, die sich die Mönchsorden gestellt hatten, nahmen sie sich auch der Kranken an; die Klöster wurden die wesentlichen Stätten der medizinischen Betreuung. Die Kloster- und Mönchsmedizin des frühen Mittelalters fußte auf den Vorstellungen der antiken Ärzte ebenso wie auf Kenntnissen und Methoden der Volksmedizin. Daneben sind sicher Laien ärztlich tätig gewesen, wobei die aus späterer Zeit bekannte bevorzugte Inanspruchnahme bestimmter Berufsgruppen (Bader, Schäfer, Scharfrichter) auf sehr alte Wurzeln zurückgehen dürfte. Im 12. Jahrhundert wurde die medizinische Ausbildung und Betätigung der Mönche durch Konzilsbeschlüsse untersagt (Clermont 1130, Tours 1163). Auf dem IV. Laterankonzil 1215 wurde dieses Verbot auch auf die Weltgeistlichkeit ausgedehnt. Wenn auch diese Entwicklung sehr zögerlich verlief und die Anordnungen mehrfach wiederholt werden mußten, wurde dadurch die Verlagerung an weltliche Ausbildungsstätten eingeleitet und gefördert.

Die Werke der antiken Autoren haben Mitteleuropa im wesentlichen auf zwei Wegen erreicht: Zum einen haben byzantinische Schriftsteller die Werke ihrer

griechischen Vorgänger übernommen und zum Teil durch eigene Erfahrungen ergänzt. Zum anderen war in der Zeit der arabischen Expansion antikes und byzantinisches Wissen in die arabische Welt gewandert und kam von dort - bereichert um Kenntnisse der orientalischen Heilkunde - über Süditalien (Medizinschule von Salerno), Spanien (Medizinschule von Toledo) und durch den Kontakt zwischen Abendland und arabischer Welt im Gefolge der Kreuzzüge nach Mitteleuropa. Eine der Aufgaben der vom 13. Jahrhundert an gegründeten Universitäten, die an ihren medizinischen Fakultäten zunehmend auch die Ausbildung der Ärzte übernahmen, war ursprünglich, das antike, also nichtchristliche geistige Erbe mit der kirchlichen Lehre in Einklang zu bringen. Dabei bediente man sich der sogenannten Scholastik, der Bewältigung der Problematik mit sprachlichen Mitteln. Im Mittelpunkt stand die Disputation, ein Wettstreit um die beste Interpretation vorgegebener Thesen. Auch die medizinische Ausbildung beschränkte sich ausschließlich auf die Auslegung der antiken Autoren. Überprüfung durch Naturbeobachtung fand nicht statt.
Grundlage der mittelalterlichen Medizintheorie war die antike Humoralpathologie (Säftelehre), wie wir sie bei Hypokrates finden und wie sie Galen (129-199) abschließend formuliert hat. Ursache aller Krankheitserscheinungen ist danach die als Dyskrasie bezeichnete ungleichgewichtige Mischung der Körpersäfte (Blut, gelbe und schwarze Galle, Schleim). An dieser Lehre orientierte sich die europäische Medizin bis in das 18. Jahrhundert hinein. Die Säftemischung wurde auch als Grundlage des menschlichen Charakters angesehen. Der Choleriker hat danach, bedingt durch ein Überwiegen der gelben Galle, ein aufbrausendes und jähzorniges Temperament. Der Melancholiker, der in seinem Wesen gehemmt ist und durch Neigung zu Traurigkeit und Verstimmungen auffällt, leidet an einem Überschuß an schwarzer Galle. Bei dem heiteren Sanguiniker, der aber auch zu Überreiztheit und Erregung neigt, liegt die Ursache in einem Überschuß an Blutsaft, und der Charakter des oberflächlichen und zögerlichen („zähflüssigen“) Phlegmatikers ist bedingt durch eine Dominanz des Schleims.
Daneben gingen andere Vorstellungen der antiken Medizin in die mittelalterliche Heilkunst ein. Dazu zählten die Entzündungslehre, die Pneumalehre und die Digestion. Auch die Entzündungslehre ist beschreibend; sie stellt verschiedene Merkmale der Entzündung dar: Schmerz (dolor), Hitze (calor), Rötung (rubor), Schwellung (tumor) und - von Galen hinzugefügt - die gestörte Funktion (functio laesa). In seiner Pneuma- bzw. Spirituslehre unterschied Galen zwischen dem Lebenspneuma (pneuma zootikon, spiritus vitalis) und dem Seelen-

pneuma (pneuma psychikon, spiritus animalis). Nach Galen wird das Blut in der Leber gebildet, gelangt über die rechte Herzkammer in die Lunge und von dort weiter in die linke Herzkammer, in der das Blut durch das hier gebildete Lebenspneuma (Lebensgeist) verfeinert wird. Ein Teil soll auch über Poren der Herzscheidewand die linke Kammer erreichen. Von hier gelangt es nach Galen in die Organe und in das Gehirn. Im Gehirn erfolgt eine Umwandlung des Lebenspneumas in das Seelenpneuma.

Weiterhin wichtig für das Verständnis der antiken Vorstellungen von den Funktionen des menschlichen Körpers ist die Verdauungs-(Digestions-)lehre des Galen. Er unterscheidet drei Stadien:

- Die erste Digestion findet im Magen statt, wo aus dem Nahrungsbrei Chylus entsteht. Minderwertige Bestandteile werden als schwarze Galle über Magen und Darm ausgeschieden.
- In der zweiten Digestion gelangen die reinen Anteile des chylus in die Leber, die daraus Blut, gelbe und wieder schwarze Galle bildet, die dann über den Körper verteilt werden. Der Restchylus kommt über den Harntrakt zur Ausscheidung.
- Die dritte Digestion erfolgt in den Organen, bei deren Versorgung das Blut völlig aufgebraucht und als Schweiß über die Haut ausgeschieden wird.

Die Anfänge der modernen Medizin

Das Zeitalter der Renaissance bewirkte ein Umdenken im Umgang mit den antiken Autoritäten in der Medizin. Im 16. Jahrhundert begann man schrittweise, die eigene Erfahrung in die medizinische Lehre einzubringen.

Zu dieser Veränderung im Denken trug ganz offensichtlich die Tatsache bei, daß zu Beginn des 16. Jahrhunderts zwei Krankheiten in Europa auftraten, die die antiken Autoritäten nicht beschrieben hatten: die Syphilis und der „Englische Schweiß". Girolamo Fracastoro (1484-1553), der sich mit den neuen Seuchen beschäftigte, entwickelte daraus die Kontagienlehre. Er nahm durchaus zutreffend an, daß epidemische Krankheiten sich durch Ansteckung mit spezifischen Keimen verbreiten. Bei ihm findet sich auch bereits die Beschreibung der Syphilisbehandlung mit Quecksilber und mit Guajakholz.

Eine herausragende Gestalt im Kampf gegen die alten Autoritäten war Theophrast von Hohenheim genannt Paracelsus (1492 oder 1493 - 1541). Paracelsus baute sein ärztliches Handeln auf dem auf, was ihm „die höchste Lehrerin Erfahrung" (experientia) und „eigene Arbeit“ (labor) gelehrt hätten. Während die alte humoralpathologisch orientierte Medizin im Grunde nur eine Krankheitsursache kannte, geht Paracelsus davon aus, daß jede Krankheit ihre eigene Ursache hat und damit klassifizierbar ist. Seine besondere Bedeutung liegt wohl in der Begründung der Iatrochemie. Während vorher pflanzliche Heilmittel verwendet wurden, versuchte er die wirksamen Arzneistoffe zu gewinnen, vorwiegend durch Destillation.

Im 17. Jahrhundert setzt sich die Abkehr von den alten Autoritäten fort. Eigene Erfahrung und experimentelle Untersuchungen führen zu neuen Erkenntnissen. Marksteine dieser Entwicklung sind beispielsweise die Beschreibung des großen Blutkreislaufes durch William Harvey (1568-1657) und die Erkenntnisse der Mikroskopie durch Antony van Leeuwenhoek (1632-1723), Jan Swammerdam (1637-1680) und Marcello Malphigi (1628-1694).

Als erster hat der italienische Arzt Giovanni Battista Morgagni (1682-1771) die Ursachen bestimmter Krankheitserscheinungen in die Organe verlegt. Aber er blieb in seinem Hauptwerk noch bei der Beschreibung der Symptome stehen. Erst im frühen 19. Jahrhundert wurde der Schritt zu einer ursachenbezogenen Interpretation gegangen.

Die Entwicklung neuer Konzeptionen im 18. Jahrhundert in Deutschland war eng mit der Gründung der Universität Halle verbunden. Die Einführung der Studentenausbildung am Krankenbett als kontinuierlich angebotene Lehrveranstaltung erfolgte hier 1717 durch den Arzt am hallischen Waisenhaus Johann Juncker (1679-1759) (etwa zeitgleich mit dem berühmten Hermann Boerhaave (1668-1738) in Leiden), nachdem bereits seine Vorgänger sporadisch den Medizinstudenten die Teilnahme an ihren Visiten gestattet hatten. Die ersten beiden medizinischen Lehrstuhlinhaber in Halle, Friedrich Hoffmann (1660-1742) und Georg Ernst Stahl (1659-1734) erlangten weit über die Grenzen der Universität hinaus Bedeutung. Hoffmann erklärte alle Lebensvorgänge als Erscheinungen eines von Gott geschaffenen und vom kosmischen Äther als bewegender Ursache abhängigen Mechanismus. Nach Stahl ist Krankheit Störung der Organfunktionen und des Zusammenwirkens der Körperteile, die verursacht wird durch die fehlerhaften Bewegungen eine irregeleiteten Seele. Die Seele versucht den Fehlfunktionen durch eigene Heilanstrengungen zu begegnen. Seine Krankheitslehre folgte einer von ihm entwickelten Lebenstheorie, nach der die Glieder und Organe des menschlichen Organismus nur auf den unmittelbaren Befehl der Seele hin zusammenwirken. Die Lehre Stahls vom Animismus wurde besonders in Frankreich zum sogenannten Vitalismus weiterentwickelt. Für die „Lebenskraft“ (Friedrich Caspar Medicus 1736-1808) prägten französische, englische und deutsche Vertreter dieses Denksystems die unterschiedlichsten Begriffe. Sie alle einte aber die Vorstellung von einem dem Organ übergeordneten seelischen Prinzip. Die Lehre von der Lebenskraft fand ihre höchste Ausprägung bei dem Thüringer Arzt Christoph Wilhelm Hufeland.

Behandlung von Krankheiten

Die therapeutischen Vorstellungen haben sich bis zum Ende des 18. Jahrhundert nur langsam verändert. Man behielt viele alte Verfahren nahezu unverändert bei. Seit der Antike wurde eine Normalisierung der Säftemischung (Eukrasie oder Synkrasie) angestrebt, die entweder durch Selbstheilungsvorgänge oder durch ärztliche Hilfe erreicht werden sollte. Möglichkeiten zum Ausgleich sahen die Ärzte vor allem in der Diät, worunter ein ausgewogenes Gleichmaß der Lebensführung im weitesten Sinne, nicht nur in Bezug auf Essen und Trinken, verstanden wurde. Diagnostische Methoden waren die Uroskopie (Harnschau) und die Beobachtung des Pulses. Um die Eukrasie wieder herzustellen, versuchte man, überschüssige oder „schlechte“ Säfte aus dem Körper zu entfernen (Aderlaß, Schröpfen, Abführen, Erbrechen, Niesen). Dieses Konzept hat sich wohl aus zweierlei Gründen sehr lange erhalten: Einmal war es in Folge seines recht einfachen Schemas leicht verständlich und anwendbar. Zum zweiten wurde es scheinbar durch Beobachtung bestätigt. Bluthochdruckbeschwerden werden durch Aderlaß kurzfristig günstig beeinflußt. Häufige Aderläße führen aber zu einer beschleunigten Blutneubildung, die dann die Beschwerden eher verstärkt. Es entstand dann ein Phänomen, das jeder Dauerblutspender kennt: Nach einer bestimmten Zeit bekommt er Beschwerden wie Kopfschmerzen und Unwohlsein, die nach der Blutspende schlagartig wieder verschwinden. Diesen Effekt bewerteten die Ärzte und Bader als Bestätigung der Richtigkeit ihrer therapeutischen Bemühungen, die sie damit für sich zu einer kleinen Goldgrube entwickelten. Für den Patienten war diese Therapie oft alles andere als angenehm, besonders wenn er sich intensiver ärztlicher Betreuung erfreute. Daß diese Behauptung nicht übertrieben ist, zeigt das „Journal de la santé du Roy“, das von den Leibärzten Ludwigs XIV. von Frankreich über Jahrzehnte geführt wurde und in kurzen Abständen, oft Tag für Tag, über den Gesundheitszustand des Königs und die von seinen Ärzten angewendeten Therapien berichtet. Der König, der von Natur aus über eine robuste Gesundheit verfügte, litt über 30 Jahre an einem Bandwurm, der das Übermaß der von ihm genossenen Speisen und Getränke erklärte. Damit zusammenhängenden Beschwerden ging man durch häufiges Aderlassen und Abführen zu Leibe, was schließlich eine chronische Darmentzündung mit erheblichen Beschwerden zur Folge hatte. Als die drastischen Abführkuren zu ständigen blutigschleimigen Entleerungen führten, schließlich auch zu Abgang von reinem Blut, wurden die Menge der Abführmittel verdoppelt (!), zusätzlich Aderlässe vorgenommen und dazwischen reichlich Klistiere verabreicht. Das sumpfige Klima von Versailles führte zu Fieberepidemien unter den Angehörigen des Hofes, die auch den König nicht verschonten. Er selbst beklagte sich über reichliche und übermäßige Aderlässe. Dazu wurden ihm wegen „etwas zu schnellem Puls" Medikamente und allabendlich Bäder verschrieben, die zwei Stunden dauerten und an die sich Schwitzkuren anschlossen. Ludwig fiel infolge der zahlreichen Aderlässe häufig in Ohnmacht, fühlte sich matt und und elend und hatte „einen leeren Kopf, es drehte sich alles vor seinen Augen". Es kommt dazu, daß die Ärzte Ludwigs XIV. entsprechende Maßnahmen auch als Krankheitsvorbeugung veranlaßten. Für die Leibärzte war diese Stelle sehr lukrativ. Das Amt des ersten Leibarztes des Königs war mit dem erblichen Grafentitel und der Medizinalgerichtsbarkeit des gesamten Königreichs verbunden.

Trotz aller neuen Erkenntnisse wandten die Ärzte auch im 18. Jahrhundert noch viele der alten Methoden an. Krankheitsymptome wie Schüttelfrost oder Schwitzen bei Fieber sind nach Stahl Ausdruck von Heilanstrengungen der Seele. Ärztliche Maßnahmen sollen diese Abwehräußerungen unterstützen. Als Therapien empfahl auch er altbekannte Methoden wie Aderläße, Klistiere und ausscheidungsfördernde Maßnahmen. Erst die zunehmend naturwissenschaftliche Ausrichtung der Medizin des 19. Jahrhunderts hat mit ihren Erkenntnissen hier zu einer Veränderung geführt.

Abkürzungsverzeichnis

althd.	althochdeutsch
arab.	arabisch
bayer.	bayerisch
chron.	chronisch
f.	femininum
franz.	französisch
griech.	griechisch
ital.	italienisch
lat.	lateinisch
m.	masculinum
mittelhd.	mittelhochdeutsch
mittellat.	mittellateinisch
n.	neutrum
nordd.	norddeutsch
norw.	norwegisch
ostfr.	ostfriesisch
ostpr.	ostpreußisch
pl.	pluralis
schweiz.	schweizerisch

Alphabetisches Verzeichnis der Krankheitsbezeichnungen

Angeboten werden soll ein Schlüssel für die alten Krankheitsbezeichnungen, der dem nicht mit der Materie Vertrauten ermöglicht, die in den historischen Unterlagen gefundenen Bezeichnungen nach modernen Kriterien zu deuten. Das vorliegende Bändchen kann und will keine Darstellung der Medizingeschichte ersetzen. Die „Übersetzung" der historischen medizinischen Begriffe umfaßt in der Regel die heute üblichen medizinischen Fachausdrücke, um eine möglichst präzise Zuordnung zu gewährleisten, sowie erklärende volksmedizinische Begriffe bzw. Interpretationen. In der Regel kann nicht die diagnostische Trennschärfe heutiger Krankheitsdefinitionen unterstellt werden. In einem Teil der Fälle wird eine Interpretation - wenn überhaupt - nur im jeweiligen Einzelfall möglich sein. Zur Verdeutlichung sei der Begriff der Kinderpocken angeführt. Noch im 18. Jahrhundert wurde nicht zwischen Windpocken und echten Pokken unterschieden. Wenn aber in einem Ort zahlreiche Kinder an Kinderpocken versterben, ist mit Sicherheit anzunehmen, daß es sich in diesen Fällen um echte Pocken handelt.

Mit diesem Buch wurde der Versuch unternommen, die wesentlichen vorwiegend im 16.-18. Jahrhundert verwendeten Krankheitsbezeichnungen zusammenzustellen und zu interpretieren. Nicht festgelegte Rechtschreibregeln sowie die Übernahme von lateinischen und griechischen Bezeichnungen in die Volkssprache haben teilweise eine Unzahl verschiedener Begriffe für den gleichen Tatbestand hervorgebracht. Als Beispiel seien hier (gekürzt nach Höfler) für Paralyse angeführt: Parlis, Parleis, Perlis, Parali (Barali), Parlay, Parli, Parle (Barle), Perle, Perli, Parlin, Perlin, Parl. Es wurde auch nicht jede grammatische Ableitung eines Begriffes aufgenommen (Paralyse: Lähmung, paralyticus: der Gelähmte, paralytica: die Gelähmte), ebenso nicht jede gefundene fehlerhafte Schreibweise (presthaft = bresthaft; Pusseln = Pusteln). Außerordentlich vielfältig sind Bezeichnungen für damals häufige oder wichtig genommene Krankheiten. So ist die Zahl der Bezeichnungen für Syphilis und ihre Symptome kaum zu übersehen, ebenso wie die Bezeichnungen für die sogenannte Epilepsie (besser: Krampfanfallsleiden), die die Phantasie der Menschen in der Vergangenheit ungemein beschäftigt hat. Schneble hat seinem Buch über die Geschichte der Epilepsie den Titel „Krankheit der ungezählten Namen" gegeben. Desgleichen sind keine heute noch üblichen und in jedem medizinischen Wörterbuch nachlesbaren Begriffe (Pusteln) verwendet worden, sondern nur die alten, nicht ohne weiteres erschließbaren (pustula). Heute noch übliche Bezeichnungen wurden jedoch aufgenommen, wenn sie einen Bedeutungswandel durchgemacht haben, der zu Fehlinterpretationen der Verwendung in alten Texten führen könnte. Überhaupt muß berücksichtigt werden, daß sich Begriffe sehr häufig überschneiden und sich nicht mit heute üblichen Definitionen decken. Während „böses Kindbett" ziemlich eindeutig Fehlgeburt heißt, kann „unzeitiges Kindbett" sowohl Frühgeburt wie auch ggf. Fehlgeburt heißen. Man sollte sich allerdings hüten, in die alten Begriffe zuviel hineinzudeuten. Die Bezeichnung Lendensucht (siehe Sucht!) kann beispielsweise Ischias, Nierenerkrankung, Lähmung, Impotenz u.ä. bedeuten. Die Schreibweise wurde der modernen angepaßt und vereinheitlicht (Brandblase statt BrandBlase) und möglichst die Form gewählt, die dem Nutzer am ehesten begegnet. Bei Worten griechischer Herkunft haben wir das übliche deutsche Substantiv verwendet und teilweise zusätzlich die in der Vergangenheit weithin gebräuchliche mittellateinische Form genannt. Lateinische Substantive sind in der Regel von uns klein geschrieben worden, obwohl in den Texten und Sterbeeintragungen des 18. Jahrhunderts Großschreibung häufig war. Eine Ausnahme wurde dann gemacht, wenn die Großschreibung als Fremdwort im Deutschen heute allgemein gebräuchlich geworden ist.

Der Wunsch, dem Leser eine Vorstellung von Zusammenhängen zu vermitteln, macht eine Zusammenfassung zahlreicher Begriffe an einer Stelle wünschenswert. Andererseits bedeutet das, daß in zahlreichen Fällen mehrfach nachgeschlagen werden muß. Es wurde daher ein Kompromiß versucht, indem das Stichwort nach Möglichkeit sofort erklärt und nur in einem Teil der Fälle auf die zusammenfassenden Hauptstichworte verwiesen wurde. Es macht beispielsweise wenig Sinn, bei jeder der zahlreichen Bezeichnungen für Syphilis auf das Stichwort *Syphilis* zu verweisen. Eine Angabe des Geschlechtes erfolgte nur bei wenig gebräuchlichen mundartlichen Bezeichnungen. Bei vorwiegend lokal gebrauchten Begriffen wird soweit möglich die Herkunft angegeben.

A

abortus (lat.): Fehlgeburt oder Abtreibung.

abortivus, *foetus abortivus* (lat.): Frühgeborenes.

Abszeß: Eiteransammlung in einer eingeschmolzenen, nicht vorgebildeten Gewebshöhle im Gegensatz zu > Empyem.

Abweichen: Durchfall.

Abzehrung > Auszehrung.

abzehrendes Fieber > Fieber.

Achor, *Achores* (griech.): Ausschlag bei Säuglingen und Kleinkindern, wobei unter diesem Begriff die verschiedensten Krankheiten vom Milchschorf über den Impetigo (Eiterflechte) bis zum Ekzem zu verstehen sind.

Ack, *Aak, Ach, Aeck*: (Schmerz bereitendes) Fingergeschwür, Panaritium.

acutus morbus (lat.): in kurzer Zeit ablaufende, mit hohem Risiko einhergehende Krankheit.

Ader: bezeichnete ursprünglich nicht nur Blutgefäße, sondern alle röhrenförmigen Gebilde des Körpers, in denen Körperflüssigkeiten oder -ausscheidungen transportiert werden.

Blutader: Venen (weil sie im Gegensatz zu den Arterien (siehe Luftader!) nach dem Tode noch blutgefüllt sind).

Dunstader: siehe Luftader.

Farzader: Enddarm (die „Ader“, aus der Luft entweicht).

Gållenader: Gallengang.

Luftader: Arterien, weil sie nach dem Tode kein Blut mehr enthalten; aber auch Luftröhre, Trachea.

Milchader: Lymphgefäß im Darmbereich, dessen Inhalt durch Fettanreicherung weißlich getrübt ist.

Pißader: Harnröhre.

Speiseader: Speiseröhre, Oesophagus.

Scheißader: Mastdarm.

Wasserader: Lymphgefäß, das wasserklare Lymphe führt.

Aderknöpfe > Knopf.

Aderknoten > Knoten.

Aderlaß: galt als Behandlung bei „Vollblütigkeit“ (Bluthochdruck). Aus der gleichen Vorstellung heraus wurden Nasenbluten, Bluterbrechen, Hämorrhoidalblutungen und Menstruation als Selbstreinigungsmechanismen des Körpers angesehen. Die Folge war bei regelmäßiger Anwendung eine Anregung der Blutregeneration (Blutneubildung). Daraus ergab sich eine Verstärkung der Beschwerden, die man zu korrigieren hoffte und damit der Anlaß zu erneutem Aderlaß. Er wurde beispielsweise bei Schlaganfall eingesetzt, aber auch bei Fehlgeburt; war besonders in Frankreich verbreitet, wo man beispielsweise auch Sechswochenkinder zur Ader ließ. In Deutschland wurde er im Alter unter 15 Jahren und über 50/60 Jahre in der Regel nicht angewendet. Offenbar waren Aderlässe als Therapie bereits im 18. Jahrhundert umstritten. Bei Zedler ist nachzulesen, daß es Ärzte gebe, „so sie unter die allgemeinen Mord-Mittel der Artzney-Kunst gezehlet".

Aderlaß bei Kindern > Paedophlebotomia.

Aeres (griech.): Ausschlag.

aestus (lat.): Entzündung, Brennen.

Afel: Wundentzündung.

Afterbürde > Bürde.

Afterdrang > Drang.

Afterhitze > Hitze.

Aftersperre > Sperre.

Afterurschlächten > Urschlächten.

Afterwolf > Wolf.

agnatus (lat.): angeboren, von Geburt an.

Agonie (griech.): eigentlich Angst- oder depressiver Zustand; med.: Todeskampf.

Airach, *Arch, Airch, Arach* (Bayern, Tirol): Eiterflechte im Gesicht bei Kindern, auch Krätze, Milchschorf.

Alb, *Alp, Elf, Schratt, Trud*: Dämonen von kleiner Gestalt, Verkörperungen von Naturkräften, legen sich Schlafenden auf die Brust und ängstigen sie („Alptraum").

Albschoß: Hexenschuß.

Alpfleck: Teufelsbiß > Biß.

Albernheit: Einfältigkeit, Debilität.

Aleppobeule, -knoten: Pestbeule.

Alp > Alb.

alte Fieber > Fieber.

Altersbrand > Brand.

alter Schelm > Schelm.

(St.) Andreas-Krankheit > Gicht.

Anfallsnot: Hilflosigkeit im Krampfanfall.

Angina (griech.): Verengung, Enge; wird fast ausschließlich für verschiedene Formen der Halsentzündung verwendet. Nach Zedlers Universallexikon unterschied man vier Formen, die man nach heutiger Vorstellung etwa wie folgt definieren könnte:

- *Synanche*: Angina mit Beteiligung der Halslymphknoten, also auch äußerlich tastbaren Schwellungen.
- *Parasynanche*: Entzündung der Halsmuskulatur (und der Halslymphknoten).
- *Cynanche*: Tracheitis, Luftröhrenentzündung.
- *Paracynanche*: Kehlkopfentzündung.

Angina abdominalis: heftige kolikartige Bauchschmerzen.

Angina pectoris, Herzklemme: anfallsartige Schmerzen in der Herzgegend, heute für eine krampfartige Verengung der Herzgefäße verwendet.

Angst, *Beängstigung*: Beengungsgefühl, Schmerz.

Brustangst, Brustbeängstigung: Atemnot.

Fieberangst: Schüttelfrost.

Herzangst: Angina pectoris.

anhelatio, *anhelitus* (lat.): Atemnot.

Anlauffen: Stauung.

Anmal: Muttermal; Lepra-(Aussatz-)flecken, Pestflecken; Pockennarben.

Anorexie (griech.): Appetitlosigkeit.

Anriß, Anschuß > Schuß.

Ansprung: Hautausschlag bei Säuglingen und Kleinkindern; hinter dem Begriff können sich sehr unterschiedliche Erkrankungen verbergen.

Anthrax (griech.): jedes mit Hautröte, brennendem Schmerz und schwarzem brandigen Gewebszerfall einhergehendes Beulengeschwür:

1. Milzbrandbeule.
2. brandige Leistenbeule bei Pest, Syphilis usw.
3. Schanker.
4. gangränöses Erysipel.

(St.) Antoni-Rache: Pestbeule, Rotlauf.

(St.) Antoniusfeuer: Gesichtsrose > Rose.

(St.) Apollinaris-Krankheit > Gicht.

Apophyora, *Apophthora* (griech.): Abort, Fehlgeburt.

apoplexia (lat.): Apoplexie, Schlaganfall.

a. cardiaca: Herzschlag, Herzinfarkt.
a. cerebelli: Ohnmacht.
a. cerebralis: Schlaganfall, Gehirnschlag.
a. medullaris: „Rückenmarksschlag", wohl vorwiegend für plötzliche Ereignisse verwendet, die eine Querschnittslähmung zur Folge hatten.
a. nervosa: Schlaganfall.
a. pulmonalis: Lungenschlag, Lungeninfarkt.
a. sanguinea: Gehirnblutung.
a. tactus: vom Schlag getroffen.
a. topica: (örtlich) lähmender Schlag.

Apopsychia, *Apsychia* (griech.): Ohnmacht.

Apostem (griech.): Abszeß, abgekapselte Eiterung.

Apsychia > Apopsychia.

Arach > Airach.

Arbeit:
1. Krampfanfälle.
2. Geburt.

Geburtsarbeit: Geburtsvorgang.
Kindesarbeit: Geburtsvorgang.
in Todesnöten arbeiten: mit dem Tode ringen.
(St.) Valentinsarbeit: Krampfanfallsleiden.
Zahnarbeit: Durchbruch der Zähne, früher oft als Krankheitsursache bei Säuglingen angesehen, s.a. Durchbruch der Zähne.

Arch > Airach.

ardens (lat.): brennend, hitzig.

Ardor (griech.; lat. *ardura*): Entzündung, Brennen.
A. ani: Intertrigo, entzündliche Rötung am After.

A. stomachi: Sodbrennen.
A. urinae: Harnblasenentzündung.
A. ventriculi: Sodbrennen.

arme Krankheit: Epilepsie, Krampfanfallsleiden.

Arschschwämme > Schwamm.

arteticus (lat.): gichtig, gelenkleidend.

Arthritis (lat.): Gelenkentzündung. Dahinter können sich sehr unterschiedliche Krankheitsursachen verbergen. Häufig wird es sich dabei um rheumatische Erkrankungen, in der Mehrzahl der Fälle aber um Gicht handeln. Eine Differenzierung und Zuordnung nach modernen Gesichtspunkten wird in der Regel nur bei genauerer Kenntnis der Symptome, in vielen Fällen überhaupt nicht mehr möglich sein.

a. calida: flüchtiger Gelenkschmerz.

a. fixa: Gelenksentzündung mit konstanter Lokalisation.

a. frigida: anhaltender Gelenkschmerz.

a. inveterata: chronische Gicht.

a. nodosa: anhaltender Gelenkschmerz.

a. particularis: Gicht, die nur einzelne Gelenke betrifft.

a. recens: chronische Gicht.

a. vaga: wechselnder Gelenkschmerz.

a. universalis: generalisierte Gicht.

articularis morbus (lat.): Gelenkserkrankung > Arthritis.

asiatische Cholera > Cholera.

Asphyxie (griech.): Atemstillstand, Scheintod, wörtl. Pulslosigkeit.

Asthma (griech.): in früheren Zeiten synonym für Atemnot verwendet. Man unterschied verschiedene Stufen:

- *Dyspnoe*: relativ geringe Atemnot.
- *Asthma*: erhebliche Atemnot.
- *Orthopnoe*: massive Atemnot, der Kranke kann nur noch im Sitzen atmen.

a. chronicum: chronische Atemnot.

a. convulsivum: anfallsartige Atemnot, verwendet für das echte Asthma (Asthma bronchiale), aber auch für Atemnot bei Herzschwäche.

a. humidum: Atemnot mit Auswurf (Einschränkung der Lungenfunktion bei chronischen Lungenprozessen [chronische Bronchitis, Bronchiektasen, Tuberkulose usw.]).

a. nocturnum: Alptraum.

a. siccum: trockene Atemnot. Unter diesem Begriff wurden Atembeschwerden zusammengefaßt, die nicht mit Auswurf einhergingen. Es konnte ein Asthma bronchiale oder eine Herzinsuffizienz (Leistungsminderung des Herzens) zugrundeliegen.

a. spasmodicum: Atemnot bei Krampf der Bronchien (= echtes Asthma).

a. transitorium: kurzzeitige Atemnot.

astralische Krankheit: durch die Gestirne ausgelöste oder beeinflußte Krankheit.

Aszites (griech.): Ansammlung von Flüssigkeit in der freien Bauchhöhle durch

Kreislaufstauung oder Eiweißverlust; tritt auf bei Herz-, Lungen- oder Nierenerkrankungen, bei Leberzirrhose, Bauchfellerkrankungen (z.B. Tuberkulose, Bauchfellentzündung, Karzinom) auf > (Bauchwasser-)Sucht.

Atemnot > Not.

Atemsucht: Atemnot > Sucht.

atra bilis (lat.): schwarze Galle > Melancholie; auch Gelbsucht.

Atrophie (griech.): extreme Abmagerung bei Hunger, chronischer Ernährungsstörung und zehrenden Erkrankungen > Auszehrung.

Atzmann: Tuberkulose, Schwindsucht.

aufbeulen: anschwellen, aufblähen.

Aufblähen: Kolik, krampfartige Bauchschmerzen.

Augenblatter > Blatter.

Augenbrunst > Brunst.

Augenhitze > Hitze.

Augenübel > Übel.

aurugo (lat.): Gelbsucht, Hepatitis (Leberentzündung) oder andere mit Leberschädigung oder Gallenstauung einhergehende Erkrankung > Sucht.

ausdörrende Krankheit > hektisches Fieber.

Ausgeburt: Kind mit Fehlbildung.

Aussatz: Unter Aussatz wird normalerweise die Lepra verstanden, jedoch können sich hinter dieser Diagnose auch mit Lepra verwechselte Hautveränderungen verbergen, die nicht selten ebenfalls zur Isolation der Betroffenen führten.

Aussatzknöpfe: syphilitische Hautknoten, „Venusbeulen".

Fischschuppenaussatz: Ichtyosis, Fischschuppenkrankheit.

französischer Aussatz: Syphilis.

fressender Aussatz, fressende Flechte: Gewebsverluste bei Lepra (Nase, Kehlkopf), aber auch mit Lepra verwechselte sonstige „fressende" Flechten > Lupus.

ausschießende Augen: Exophthalmus (Hervortreten des Augapfels), beispielsweise bei Überfunktion der Schilddrüse, Tumoren der Augenhöhle oder Blutungen; angeboren bei Fehlbildungen des Schädelskeletts.

auszehrendes Fieber > Fieber.

Auszehrung, *Abzehrung, cachexia, Darre, Darrsucht, Dörrsucht, Hectica, Kachexie, Marasmus, Schwinde, Schwindsucht, Verzehrung, verzehrende Krankheit*: ungenau abgegrenzter Begriff, der alle mit erheblicher Abma-

gerung einhergehenden Krankheiten umfaßt, sofern nicht durch andere Symptome eine Zuordnung möglich ist. Hinter der Bezeichnung verbergen sich vorrangig drei Krankheiten: Tuberkulose, Krebs und Diabetes mellitus (Zukkerkrankheit). Die im Rahmen von Ernährungsstörungen früher häufig zum Tode führende Auszehrung im Säuglings- und Kleinkindesalter wurde auch als *Pädatrophie* (griech.) oder *Kinderschwäche* bezeichnet.
abzehrendes Magenübel: Magenkrebs, Magenkarzinom.
Abzehrung der Steinhauer: Silikose (bindegewebige Veränderung des Lungengewebes auf Grund des Reizes von eingeatmetem Staub); häufig kombiniert mit Tuberkulose (Silikotuberkulose). Auch in diesem Zusammenhang sind die Begriffe Abzehrung/Auszehrung vieldeutig und müssen aus dem Zusammenhang heraus erklärt werden. Abzehrung der Gruben- und Hüttenarbeiter war oft eine Blei- oder Quecksilbervergiftung.

Autocheiria (griech.): Selbstmord durch Erhängen.

B

Backenblase > Blase.

Bäckerkrätze: Ekzem an Händen und Unterarmen bei Bäckern, hervorgerufen durch Überempfindlichkeit gegen Mehlbestandteile.

Bäuschel, *Bäuschlein, Büschlein* (mittelhd. *beischerl)*: Nachgeburt, Plazenta.

Balbina: Struma, Kropf.

Bangigkeit der Kinder: Krampf; Fieberkrampf.

Barpel, *Berpel*: Kinderpocken > Windpocken.

Barmgrund (nordd., holst.): Ausschlag, Grind.

Bartkrätze: Bartflechte.

Bauchblast > Blast.

Bauchgrimmen: heftiger Bauchschmerz, Kolik.

Bauchlähmung: Ileus, Darmlähmung, Darmverschluß.

Bauchreißen > Reißen.

Bauchruhr > Ruhr.

Bauchwassersucht > Sucht.

Bauchwolf: Gürtelrose, Herpes zoster.

Bauernhusten: grober, bellender Husten.

Bauernkrankheit (holst.): Mutterkornvergiftung.

Bauzen (bayer.): Minderwüchsiger, Zwerg.

Beängstigung > Angst.

Begabung: Epilepsie, Krampfanfallsleiden.

Bein: Knochen.

Beinkanker: Fußgeschwür > Kanker.

Beinlein > Bein.

Beinschuß > Schuß.

Beinschwamm > Schwamm.

Beischere (mittelhd.): Nachgeburt, Plazenta.

Beißen, *Beißung*:

1. juckender oder brennender Hautausschlag, Ekzem, Krätze.
2. beißender Schmerz.

Arschbeißen: Pruritus ani, Juckreiz im Bereich der Afteröffnung.

Augenbeißen: Augenjucken.

Kindsbeiß: Läuse.

Magenbeißen: Magengeschwür, Magenschmerzen.

Würmerbeißen: Wurmkolik.

Wurmbeiß: Schlangenbiß.

Beißerchen, *Beißerlein*: durchbrechender Schneidezahn bei Kindern > dentitio difficilis.

Beißkrätze > Krätze.

Beißsucht > Sucht.

belebte Krankheit: Wurmkrankheit.

bereden: behexen.

Bergkrankheit: Krankheit der Bergleute, Silikose (Staublunge).

Berle: Hämatom, Blutgeschwulst.

Berpel > Barpel.

besprochene Krankheit: durch Besprechen oder Zauberei hervorgerufene Krankheit.

Bettelkrankheit: Lepra.

Bettseicher: Bettnässer > Seich.

Beulenfieber > Fieber.

Beutelmann: Fieber, Schüttelfrost.

Biß:

1. Biß (durch Tiere).
2. Entzündung, Brennen.

Augenbiß: Bindehautentzündung, Augenjucken.

böser Biß: Schlangenbiß.

eiterbissig: Superinfektion, "beißende" Eiterpusteln bei Hauterkrankungen (z.B. bei Krätze).

Kniebiß: Gonagra, Gicht des Kniegelenkes.

Nesselbiß: Nesselsucht, Urticaria.

Storchenbiß: Naevus teleangiectaticus, Naevus flammeus (lat.): blaßrotes Blutgefäßmal bei Neugeborenen im Bereich des Nackens, der Stirn oder Nasenwurzel, bildet sich in der Regel ohne Behandlung zurück.

Teufelsbiß, Teufelsmal, Hexenmal, Alpfleck, morsus diaboli (lat., griech.): (nach Höfler) "die blauschwarzen sog. Brandflecken, welche dem Biß teuflischer Dämonen zugeschrieben wurden und unter den Zehen- bzw. Fingernägeln durch Quetschungen etc. erzeugt werden."

wolfsbissig: tollwütig.

Wurmbiß: Schlangenbiß.

Blähhals: Struma.

Blärr, *Blarre*: Geschwulst, Geschwür.

Blase:

1. Blasenbildung der Haut.
2. Harnblase.

Backenblase: Sacculus buccalis, Parulis, geschlossene Zahnfistel.

Blasenfieber > Fieber.

Blasenkatarrh: Blasenentzündung > Katarrh.

Blasenkrankheit:

1. Krankheit der Harnblase.
2. Maul- und Klauenseuche.
3. bläschenförmiger Ausschlag.

Blasenseuche: Maul- und Klauenseuche > Seuche.

böse Blase: bösartige syphilitische Blatter.

Brandblase:

1. Blase durch Verbrennung/Verbrühung.
2. Milzbrandblase.

Giftblase: infektiöses Material (z.B. Bakterien) enthaltende Blase.

Hitzblase:

1. Blase bei Verbrennung.
2. entzündliche Blasen mit Fieber als Begleiterscheinung.
3. akut auftretendes Exanthem oder Ekzem.

(St.) Blasius-Krankheit: Angina, Halsentzündung.

Blast, n. *Plast, Blaust, Bloeße, Blaeste,* f., *Bloest, Blost, Bläslin, Bläster*: Schwellung.

Blast-Ader: Krampfader, Varize.

Bauchblast: Tympanitis, Aufblähung des Leibes.

Wasserblästen. Bauchwassersucht, Aszites.

Blatsche (Schwaben): „zusammenfließende Blasen", sich ausbreitendes Geschwür.

Blatter: Blase.

Anthraxblatter > Anthrax.

Augenblatter: Herpes corneae (bläschenförmige, sehr schmerzhafte Entzündung des Auges).

Blutblatter: Blutblase.

Brandblatter:

1. Brandblase (nach Verbrennung).

2. brandige Pocke.

feurige, hitzige Blatter: schmerzhafte entzündliche Hautausschläge ohne Eiterbildung.

Blattern:

1. Pocken.
2. andere, mit einem bläschenförmigen Ausschlag einhergehende Krankheiten.

Blatternfieber: Fieber bei Pocken > Fieber.

Blätterrose: Erysipel mit Blasenbildung > Rose.

Blutblattern: Variola hämorrhagica, hämorrhagische Pocken (Pocken mit blutigem Blaseninhalt).

böse Blattern: syphilitischer Ausschlag.

Kinderblattern:

1. Pocken im Kindesalter.
2. Windpocken.

rote Kinderblattern: Masern.

falsche Kindsblattern: Windpocken.

kleine Blattern: Impetigo contagiosa (Eiterflechte).

Blattfallen, -schüssen: Sonnenstich.

blauer Husten: Keuchhusten.

blaue Rose > Rose.

blauer Schlag > Schlag.

Blaust > Blast.

Blausucht: Zyanose, Blauverfärbung der Haut durch Sauerstoffmangel bei Herzfehlern oder eingeschränkter Lungenfunktion.

Bleichsucht > Sucht.

Blessur (franz. la blessure): Verwundung.

Bletz, *Plätz, Pletz, Bloetz[en], Plötzen*) (süddt.):

1. (leichte) Hautwunde (mit Verlust der Hautdecke).
2. Hautstück an einer offenen Wunde.
3. Condyloma.

Beulen-Blötze: offene, geschwürige Drüsenstelle.

Blitzkatarrh: Influenza, Grippe.

Blockhusten > Husten.

Blödigkeit: Kränklichkeit, Krankheit.

Blödigkeit der Augen: Kurzsichtigkeit.

Bloeße > Blast.

Bloetzen > Bletz.

Blootfinne (nordd.): Furunkel.

Blost > Blast.

Blüte, *Blütchen, Blume*: Hautveränderungen (Bläschen, Knötchen), die farblich anders aussehen als ihre Umgebung.

Aussatzblüten, -blumen: weiße, sich von der Umgebung absetzende Hautstellen bei der Lepra.

Frauenblume: Menstruation.

Geschwürsblume: Eiterherd im Geschwür.

gewöhnliche Blume: normale Menstruation.

Hautblüten: Exanthem.

Hitzblütchen, Hitzblätterchen: frieselartiger Hautausschlag.

Maienblümchen: (kleine) Sommersprossen.

Monatsblume/monatliche Blühe: Menstruation.

Nagelblüh, -blüte, -blume: weiße Flecken auf den Finger- oder Zehennägeln.

Venusblümchen (auch -blume):

1. Gesichtsakne.
2. Sommersprossen.

Venusblüte, -blume: Corona veneris syphilitica.

verhaltene Blume/Verstopfung der Blume: verhaltene Menstruation.

weiße Blume: Fluor albus, Ausfluß.

Weiberblume > Frauenblume.

Blut: Auf der Grundlage der Humoralpathologie (siehe Einleitung) gibt es eine ganze Palette der Beschreibung von Blutqualitäten wie erwärmtes Blut (für erhitztes Blut = cholerisches Temperament), schwarzes (oder schweres) Blut (= melancholisches Temperament) u.ä. Darüber hinaus spielt gerade bei der Blutbeschreibung der Volks-(aber-)glaube eine wesentliche Rolle, ebenso wie überholte Vorstellungen von Krankheitsursachen. Die Bezeichnungen sind geistesgeschichtlich außerordentlich interessant, für sich genommen aber zur Klärung einer Diagnose meist wenig erhellend. Auf eine eingehende Darstellung, die den Rahmen der vorliegenden Schrift sprengen würde, wird daher verzichtet.

Blutaderknoten > Knoten.

Blutblatter > Blatter.

Blutfluß > Fluß.

Blutgang: Ruhr.

Blutharn: Blutbeimengung im Harn durch Nieren- oder Blasenblutung, aber auch Nephritis (Nierenentzündung), Nierentuberkulose, Nierentumoren.

Bluthitze > Fieber.

Bluthusten > Husten.

Blutknollen > Knollen.

Blutlauf: Ruhr.

Blutruhr > Ruhr.

Blutschelm > Schelm.

Blutschwamm > Schwamm.

Blutseichen > Seich.

Blutseuche > Seuche.

Blutstocken: Blutgerinnung.

Blutverderbnis: aus einer Infektionskrankheit („Säftevergiftung") resultierende Hautausschläge > Blut.

Bock: Abgesehen von anatomischen Bezeichnungen wie Ohrbock für Tragus u.ä. wird Bock in der alten Medizin in zwei Bedeutungen verwendet: 1. als Teufelsfigur in dämonischen Krankheitsvorstellungen. Der Bock ist die Teufelsfigur, die in vielen Fällen die heidnischen Dämonen vertritt („Mich stößt der Bock" = Singultus). 2. Bock für schmerzhafte Erkrankungen (= Podagra).

Austbock: Der Austbock (ein Korndämon) hat ihn gestoßen: Lumbago (Hexenschuß).

Scharbock > Skorbut.

Böbbel, m. *Bubbel, Pöppel, Poperln*: Wasserblase(n).

bösartige Schwämmchen > Schwamm.

böse:

1. krank im Sinne von erheblicher Beeinträchtigung oder raschem Fortschreiten (teilweise liegt den Bezeichnungen die Vorstellung von einem Dämon (böser Wicht) zu Grunde).
2. (subst.) Böse, f.: ansteckende Krankheit (Grippe).

bösartige Beulen: Pestbeulen, Syphilisknoten.

böse Blattern > Blattern.

böse Flecken > Flecken.

böse Köpfe > Ansprung.

böse Räudigkeit: Ekzem, infektiöse Hautkrankheit, ausgedehnte Eiterflechte > Raude.

böser Bauch: Durchfall, anfallsartige Bauchschmerzen/Koliken.
böser Bradem, böser Brodem: Atemnot, Asthma.
böser Hals: Diphtherie, Angina (Halsentzündung mit erheblichen Krankheitserscheinungen), Halsgeschwür.
böser Schelm > Schelm.
böses Kindbett > Kindbett.
böses Wesen: Epilepsie, Krampfanfallsleiden, Krämpfe.

Bohren: bohrender Schmerz.
Aufbohrung des Magens: stechender Magenschmerz.
Nabelbohren: Nabelkoliken. N. wurden noch Anfang des Jahrhunderts für ein eigenständiges Krankheitsbild gehalten. Die Ursache liegt darin, daß kleine Kinder Schmerzen unterschiedlichster Art meist in die Gegend um den Bauchnabel lokalisieren.
Ohrenfellbohren: stechender Ohrenschmerz.

Borke: Kruste.
Borkenkopf: Krätze.
Kinn-Borke: Kruste am Kinn.
Milch-Borke: Milchschorf.

Borkenkrätze: stark verborkte Milbenkrätze.

Bosse, *Bossel* > Posse.

Bostkrankedage (nordd.): Tuberkulose.

Botz, n., *Botzen*, m., n. (bayer.): Schnupfen.

Bradem > Brodem.

Brägel (schweiz.): durch Pockennarben entstellte Haut.

Brägenschorf (nordd.): Eiterflechte, Hautpilzerkrankung am Kopf.

Bräune, *Halsbräune, Mandelbräune, Rachenbräune*:
1. Diphtherie.
2. Halslokalisation des Milzbrandes.
3. Atemnot aufgrund anderer Infektionen (Soor usw.).
4. auch Mumps.

häutige Bräune: Halsentzündung mit flächenhaften Belegen, in der Regel Diphtherie.

Brand: Unter der Bezeichnung B. wurden Erkrankungen unterschiedlichster Ursache nach äußeren Gesichtspunkten zusammengefaßt:
1. jede Erkrankung mit hohem Fieber ohne äußerlich sichtbare Ursache.
2. Gewebszerfall (Nekrose), in der Regel infolge von Blutgefäßverschlüssen

oder Abwehrschwäche. Unter Gangrän versteht man eine Schwarzverfärbung nekrotischer Gewebe durch Blutzerfallsprodukte (Verdiglobin).

3. Urticaria (Nesselsucht).
4. Verbrennungen der Haut.
5. Milzbrand.

Altersbrand: arteriosklerotische (durch Verkalkung bedingte) Gangrän.

Brandblatter > Blatter.

Brandfieber > Fieber.

Brandpocke > Pocke.

Brandrose > Rose.

Brandseuche > Seuche.

Brandwut > Wut.

Darmbrand: Darmnekrose, Fäulnis der Darmwand.

Eingeweidebrand: Gangrän der Baucheingeweide.

feuchter Brand: infizierte Gangrän. Durch Bakterien bedingte Fäulnisvorgänge führen zu einer übelriechenden, schmierigen Zersetzung des Gewebes.

gelber Brand: Icterus neonatorum (Gelbsucht der Neugeborenen).

Harnbrand: Infektion der Harnwege.

kalter Brand: Gangrän.

Milzbrand: Durch den Milzbrandbazillus (Bacillus anthracis) hervorgerufene, auch auf den Menschen übertragbare Tierseuche.

trockener Brand: mumifizierte Gangrän. Bleibt bei einer Gewebsnekrose die bakterielle Zersetzung aus, kommt es zu einer Eintrocknung und später zu einer Abstoßung des betroffenen Gewebes. Besonders nach Gefäßverschlüssen an Fingern oder Zehen.

Wangenbrand, Noma (griech.): fortschreitender fauliger Zerfall der Wange, der von einem brandigen Geschwür im Bereich der Mundwinkel ausgeht. Durch das rasante Fortschreiten war die Erkrankung früher häufig tödlich. Sie tritt vorwiegend nach schweren, die Abwehrkräfte des Körpers erschöpfenden Infektionskrankheiten auf.

Brechdurchfall: akute Magen-Darm-Erkrankung mit Übelkeit und Durchfall. Hinter dem Begriff können sich Darminfektionen aller Art verbergen.

Brechfieber > Fieber.

Brechruhr > Ruhr.

Brechsucht > Sucht.

Brennen: brennender Schmerz.

Harnbrennen:

1. brennender Schmerz beim Urinieren.
2. Tripper.

Brest, *Bresten, Gebrest*: Krankheit, Mangel, Defekt.

bresthaft: chronisch krank.

Brodem, *Broden, bradem* (mittelhd.): Atem.

böser Brodem: schlechte Luft, Miasma als Krankheitsursache.

heißer Brodem: heiße Atemluft bei Fieber.

unreiner Brodem: übelriechender Atem.

Brosseln (lat. brossulae): Syphilisexanthem der Haut (Hautausschlag).

ausgebrosselt: mit syphilitischem Exanthem behaftet.

Brotseuche > Seuche.

Brunst:

1. Fieberglut.
2. Sexualtrieb.
3. örtliche Hautentzündung.
4. verbrannte Hautstelle.

Augenbrunst: Augenentzündung.

Lungenbrunst: Lungenentzündung, Pneumonie.

Brustangst > Angst.

Brustbeängstigung: Engbrüstigkeit, Atemnot.

Brustbeklemmung: Engbrüstigkeit, Atemnot.

Brustentzündungsfieber > Fieber.

Brustfieber > Fieber.

Brustgeschwür: eitriger Pleuraerguß, Eiteransammlung zwischen Brust- und Rippenfell.

Brusthusten > Husten.

Brustkatarrh: Bronchitis.

Brustkiste: Engbrüstigkeit, Atemnot.

Brustklemme > Angina pectoris.

Brustkrankheit, *Brustkränke, Brustschwäche*: Tuberkulose, Lungenkrankheit.

Brustkreisten: Husten bei Tuberkulose oder chronischer Bronchitis.

Brustrose > Rose.

Brustschwäche > Brustkrankheit.

Brustwassersucht > Sucht.

Bubbel > Böbbel.

Bubo (pl. *Bubonen*) (griech.): entzündliche Schwellungen äußerer Lymphknoten, besonders in der Leistengegend (Bubo inguinalis [lat.], beispielsweise bei Pest oder Geschlechtskrankheiten).

Bürde: unterschiedliche Bedeutungen:

1. Frucht, Kind vor der Geburt.
2. Schwangerschaftszeit.
3. Nachgeburt.

After-Bürde: Nachgeburt.

böse Bürde: fehlgebildetes Kind, Blasenmole.

Nachbürde: Nachgeburt.

Bürzel: Influenza, Grippe.

Büschlein > Bäuschel.

Busse: Knochenfraß, Krebs.

C

cacatoria febris, *catarctica febris* (griech., lat.): wechselndes Fieber mit heftigen, schmerzhaften Durchfällen, in der Regel Ruhr.

cachecticus (griech., lat.): schwindsüchtig, jede massive Gewichtsabnahme, in der Vergangenheit häufig durch Tuberkulose bedingt.

cachexia (griech.): > Kachexie.

caducus morbus (lat.): Epilepsie, Krampfanfallsleiden.

calculus (lat.): Nieren- oder Blasenstein.

Cancer (lat.), *Carcinom* (griech.): bösartige Geschwulst, Krebs, auch Gewebswucherung anderer Ursache.

Carcinom (griech.): > Cancer.

cardialgia (griech.): > Kardialgie.

Carfunkelfieber > Fieber.

cariosus (lat.): brandig.

pes cariosus: brandiger Fuß.

carus (lat.): Bewußtseinsbeeinträchtigung ohne Fieber (nach Narkotica, Alkoholmißbrauch, Vergiftungen usw.), s.a. coma.

catalepsis (griech.) > Epilepsie.

cataracta (griech.) > Katarakt.

catarrhalis febris (griech., lat.): Virusinfekt.

catarrhus (griech., lat.) > Katarrh.

c. epidemicus: Influenza, Grippe.

c. suffocativus: Lungenödem, Flüssigkeitsansammlung in der Lunge infolge von Herzversagen > Fluß.

catarctica febris (griech., lat.) > cacatoria febris.

cephalia (griech., lat.) > Kephalaea.

cephalalgia (griech., mittellat.) > Kephalalgie.

c. contagiosa: Influenza, Grippe.

certamen (lat.): Kampf, Streit, auch Todeskampf.

Chiragra (griech.) > Gicht.

Chlorose (von griech. chloros: blaßgrün, grüngelb) > Jungfernkrankheit.

Cholera (griech.), *Gallenbrechruhr, Gallenruhr, Brechruhr, Diarrhoe cholerica (lat.), Passio cholerica (lat.)*: Durch das Cholerabakterium (Vibrio cholerae) verursachte ansteckende Krankheit mit lebensbedrohlichen fieberhaften Durchfällen, die durch Schmierinfektion übertragen wird. Die sogenannte asiatische Cholera (*Cholera asiatica, Typhus bengalensis*) brach 1817 in Bengalen aus und verbreitete sich über Rußland nach Europa. Sie forderte in mehreren schweren Epidemien (1830/37, 1847/57, bes. 1848/49, 1865/75, 1882/1887) zahlreiche Opfer vor allem unter der Bevölkerung der großen Städte mit ihren engen Wohnverhältnissen und schlechten Sanitärbedingungen. Die letzte große Epidemie in Deutschland 1892/93 blieb auf Hamburg beschränkt. Unter dem Begriff Cholera finden sich auch andere infektiöse, heftig verlaufende Durchfallserkrankungen.

Ch. infantum: Sommerdurchfälle der Säuglinge und Kleinkinder.

Ch. nostras: Brechdurchfall.

cholerische Fieber > Fieber.

cibalium passio > passio.

clavus hystericus (lat., griech.): Kopfschmerzen bei Menstruation, allgemeine Menstruationsbeschwerden.

clinicus (griech., lat.): bettlägerig.

colica (lat.) > Kolik.

c. biliosa: Gallenkolik.

c. flatulenta: kolikartige Schmerzen bei Blähungen.

c. haemorrhoidalis haematites Hippocratis: krampfartige Schmerzen bei Hämorrhoiden > Fluß der güldenen Ader.

c. humorosa: Kolik, „die von schlechten Säften herkommt" (Zedler). Auf der Humoralpathologie beruhende Vorstellung von einer ungünstigen Säftemischung als Krankheitsursache.

c. hypochondriaca: Kolik infolge von „Milzbeschwerden".

c. hysterica: Gebärmutterkoliken.

c. nephritica: Nierenkoliken.

c. pestilentialis: Schmerzzustände bei Pesterkrankungen. Koliken im eigentlichen Sinn gehören nicht zum typischen Bild der Pest. Die häufigste Form, die Beulen- oder Drüsenpest beginnt typischerweise ohne Prodromalerscheinungen (Vorzeichen) plötzlich mit Schüttelfrost und hohem Fieber, heftigen Kopfschmerzen, Benommenheit, Schwindelgefühl sowie Übelkeit und Erbrechen.

c. passio: kolikartige Schmerzen mit galligem Erbrechen („Gallenbrechruhr").

c. pituitosa: kolikartige Schmerzen bei Durchfällen.

c. scorbutica: Koliken bei > Scorbut.

coma (griech., mittellat.), *Koma* : Bewußtseinsbeeinträchtigung, Bewußtlosigkeit. Der Begriff wurde nur bei fieberhaften Bewußtseinsbeeinträchtigungen verwendet (s.a. carus!). Nach dem Schweregrad wurden unterschieden:

c. vigil: leichter Grad. Der Patient ist schläfrig, aber ansprechbar.

c. somnolantum: schwerer Grad. Der Patient ist weitgehend bewußtlos, aber noch erweckbar.

complexi morbi, complicati morbi (lat.): Kombination mehrerer Krankheiten.

contagio (lat.) > Kontagion.

c. pestifera: Pest.

contagium (lat.): Ansteckung.

contumax morbus (lat.): langanhaltende Krankheit.

convulsiones (lat.): Krämpfe.

c. particulares: Krämpfe, die nur bestimmte Teile des Körpers betreffen und mit echten Krampfanfallsleiden oft nichts zu tun haben.

(St.) Cornelius-Seuche > Epilepsie > Seuche.

Coryza, *Koryza* (griech.): Schnupfen.

Croup > Krupp.

cruciatus ventris (lat.): Bauchschmerzen, Darmkoliken.

crusta lactea (lat.): Milchschorf.

Cynanche (griech.) > Angina.

D

Dampf: Atemnot, Dyspnoe, Asthma.

feuchter Dampf: Atembeschwerden mit lockerem Husten, Auswurf.

Hartdämpfigkeit: Schweratmigkeit.

Herzdampf: Atemnot infolge von Herzleiden.

Lungendampf: durch Lungenkrankheiten verursachte Atemnot (Asthma, Emphysem, Pleuritis).

trockener Dampf: Atembeschwerden ohne Husten und ohne Schleimrasseln.

Darmbrand > Brand.

Darmgicht > Gicht.

Darmjammer > Jammer.

Darmphlegma > Phlegma.

Darmreißen > Reißen.

Darmruhr > Ruhr.

Darmsucht > Sucht.

Darmverschlingung: Darmverschluß, Ileus.

Darre: Austrocknung, Gewebsabnahme > Atrophie.

Darrsucht > Sucht.

debilitas (lat.): Schwäche.

debilitatio (lat.): Lähmung.

decessus (lat.): Tod, Weggang.

decollatio (lat.): Enthauptung.

decrepitus, -a (lat.): altersschwach, gebrechlich.

defuncio (lat.): Tod.

defunctus, -a (lat.):

1. Toter.
2. verstorben.

dejectoria febris (lat.): wechselndes Fieber mit heftigen, schmerzhaften Durchfällen, in der Regel Ruhr.

deliquium (lat.): Ohnmacht, Schwächeanfall.

delirium tremens (lat.): Endzustand des Alkoholismus mit Wahnvorstellungen

delocatio (lat.): Verrenkung.

demens (lat.): wahnsinnig.

dementia (lat.): „Wahnsinn“, Psychose. Heute wird der Begriff Demenz für das Endstadium eines Hirnabbaus verwendet.

dentitio difficilis > Durchbruch der Zähne.
destitutus a sensibus (lat.): ohne Verstand, verrückt, von Sinnen.
deutsche Krankheit: Bezeichnung der Syphilis in Polen.
diaria febris (lat.): eintägiges Fieber, nach der Ursache sehr unterschiedlich, z.B. Sonnenstich.
Diarrhoe (griech.): Durchfall.
Diarrhoe cholerica: Cholera, auch andere heftige Durchfälle.
dicke Ohren: schwerhörig.
Diebssucht > Sucht.
Dippel (Württemb.): Tölpel.
Wochen-Dippel: Mumps, Ziegenpeter (durch die Gesichtschwellung verursachtes tölpelhaftes Aussehen).
dislocatio (lat.): Verrenkung.
Dissenteria > Dysenterie.
dissolutio (lat.): Auflösung, Schwäche.
Dörrsucht > Sucht.
dolor (lat.): Schmerz. Wie bei allen häufigen Krankheitssymptomen hat die vornaturwissenschaftliche Medizin auch beim Schmerz zahlreiche Differenzierungen vorgenommen, die rein deskriptiv sind und in vielen Fällen eine Zuordnung zu heutigen Krankheitsabgrenzungen nicht erlauben.
d. algens: Schmerz ohne Entzündungszeichen.
d. ardens: Entzündungsschmerz.
d. articulorum: Gliederschmerzen.
d. aurium: Ohrenschmerzen.
d. capitis: Kopfschmerzen.
d. continuus: anhaltender Schmerz.
d. contundeus: heftige Gliederschmerzen, „zerstoßender" Schmerz.
d. dentium: Zahnschmerzen.
d. frangitiuus: heftige Gliederschmerzen, „brechender" Schmerz.
d. granatorius: drückender Schmerz.
d. iliacus: Bauchkoliken.
d. lancinans, d. lacerans: reißender Gliederschmerz.
d. lateralis: stechender Brustschmerz bei Rippenfellentzündung.
d. mixtus: aus unterschiedlichen Qualitäten gemischter Schmerz.
d. mordax: beißender, nagender Schmerz.
d. nephriticus: Nierenschmerzen.

d. nocturnus: nächtlich auftretende Schmerzen.

d. post partum: Nachwehen nach der Geburt.

d. pulsatorius: klopfender, pulsierender Schmerz (z.B. bei Bildung eines Furunkels.

d. punctorius: stechender Schmerz („wie mit Nadeln").

d. rodens: beißender, nagender Schmerz.

d. scapulorum: Gelenk- (Gicht-)beschwerden im Schulterbereich.

d. tensiuus: dehnender Schmerz.

d. terebrans: bohrender Schmerz.

d. vagus: in ihrer Lokalisation wechselnde, rheumatische Schmerzen.

dolores viscerum: Schmerzen in den Eingeweiden, Bauchschmerzen.

doppelte Glieder > Englische Krankheit.

Drang, m.: Zwang, Schmerz.

Afterdrang > Tenesmus ani.

Geburtsdrang: das Ingangkommen der Geburt.

hinterer Drang: Afterdrang, Stuhlzwang.

Leibgedrang: Koliken mit Stuhlzwang, Tenesmen.

Stuhldrang. Stuhlzwang.

Drösebleder(e) (nordd.): Windpocken.

Drüsenseuche > Seuche.

dunkle Rose > Rose.

dünnes Seichen > Seich.

Durchbruch der Zähne: bis in die neuere Zeit als Ursache für Säuglingserkrankungen (Krämpfe, Infekte usw.) angesehen. Die *dentitio difficilis* (das „schwere Zahnen") galt noch im 18. Jahrhundert als eigenständige Krankheit.

Durchlauf, *Durchmarsch, Durchschlechten*: Durchfall.

Dürre > Auszehrung.

Dürrsucht > Sucht.

Dusel, *Düsel*: Pest, Typhus, Grippe.

Dyskrasie, *Dyscrasia* (griech.): Unwohlsein. Der Begriff stammt aus der antiken Krasenlehre, der Lehre von der Mischung der Körpersäfte (Blut, Schleim, gelbe und schwarze Galle). Dyskrasie bezeichnet eine zur Krankheit führende fehlerhafte Mischung der Säfte, während der Normalzustand Eukrasie genannt wurde.

Dyselitis (griech.): Ruhr.

Dysenteria (griech.): Ruhr, Durchfall.

Dysorexia (griech.): Appetitlosigkeit.
Dyspepsia (griech.): Verdauungsstörung.
Dyspnoe, *Dyspnoea* (griech.): Atemnot > Asthma.
Dystrophia (griech.): Abmagerung.
Dysurie, *Dysuria* (griech.): schmerzhaftes Urinieren.

E

ec(c)lampsia (griech.) > Epilepsie.

ecclampsia puerpalis (griech., lat.): Auftreten von Krämpfen vor oder unter der Geburt auf der Grundlage einer Störung durch ungenügende Anpassung des Stoffwechsels der Frau an die Bedingungen der Schwangerschaft.

Egel (Zähneegel): blutendes Zahnfleisch bei Skorbut oder Mundfäule.

Eckel > Ekel.

Egelseuche > Seuche.

Eingeweidebrand > Brand.

eintägiges Fieber > Fieber.

Eiß: Geschwür.

Eiterfieber > Fieber.

Eiterknoten: Eiteransammlung im Unterhautfettgewebe.

Eiterruhr > Ruhr.

Eiterseich > Seich.

Eitersucht > Sucht.

Ekel: verwendet im Sinne von Übelkeit, Erbrechen.

Eklampsie > Epilepsie.

Elb > Alp.

Elend: Krampfanfallsleiden, Epilepsie.

Elephantiasis (griech.): hochgradige Hypertrophie bestimmter Körpergegenden, besonders der Beine und der Geschlechtsteile. Unterschiedlichste Erkrankungen wie > Erysipel, Tuberkulose, Syphilis, Lepra, Würmer (Filarien), Krebs, aber auch Operationen können zur Verödung der Lymphgefäße und dadurch zu einem Flüssigkeitsstau im Gewebe (Ödem) führen. Später erfolgt eine Bindegewebswucherung.

elephantiasis arabum: Befall der Lymphgefäße durch Filarien.

elephantiasis graecorum: Lepra.

elephantiasis nostrum: durch eine unspezifische Entzündung der Lymphgefäße verursachte Elephantiasis.

emanatio (lat.): Ausfluß.

emissio (lat.): Entleerung, Abgabe, früher auch verwendet für Pest.

empicus (lat.): lungenkrank.

Emprosthotonus > Epilepsie.

Empyem (griech.; lat. *empyema*): Eiteransammlung in einem mit Schleimhaut ausgekleideten Hohlraum, beispielsweise der Brusthöhle > Abszeß.

Engbrüstigkeit: Atemnot.

englische Krankheit: Rachitis.

englischer Schweiß > Schweiß.

Epilepsie (griech.): Die Epilepsie hat die Phantasie der Menschen in früheren Zeiten beschäftigt wie kaum eine andere Krankheit. Mit ihr verbanden sich Aberglauben und mystische Vorstellungen, was sich in einer Fülle von Namen niedergeschlagen hat. Heute weiß man, daß es sich nicht um eine einheitliche Krankheit, sondern eine Gruppe unterschiedlicher Leiden handelt und spricht lieber von Krampfanfallsleiden. In den Begriff Epilepsie wurden früher auch Krankheitszustände einbezogen, für die heute andere Grundkrankheiten bekannt sind. Zu den bekanntesten Bezeichnungen gehören *böses Wesen, (St.) Cornelius-Seuche, Fallsucht, Fallübel, hinfallende Seuche, Jammer, morbus sacer, schwere Not, das Unglück, (Ver-)Gicht.*

Andere Begriffe bezeichneten bestimmte Arten von Krämpfen:

Convulsiones particulares: Krämpfe, die nur bestimmte Teile des Körpers betreffen und mit echten Krampfanfallsleiden oft nichts zu tun haben.

Emprosthotonus (griech.): Krampf, bei dem die Knie gegen den Kopf gezogen werden.

Katalepsie (griech.): Starre.

Kinnbackenjammer > Risus sardonicus.

Opisthotonus (griech.): Genickstarre.

Priapismus: Krampfartige Versteifung des männlichen Gliedes im Rahmen von Krankheiten.

Risus sardonicus, Spasmus cynicus, Kinnbackenjammer: Verkrampfung der Mundwinkel, typisches Symptom bei Wundstarrkrampf.

Spasmus cynicus = Risus sardonicus.

Tetanus: (heute) Wundstarrkrampf; früher verwendet für Körperstarre im Rahmen von Krampfanfallsleiden.

Früher der Epilepsie zugerechnete Begriffe sind heute abgetrennt worden oder haben einen Bedeutungswandel durchgemacht:

Eklampsie (griech.): Eklampsie wurde früher synonym für Epilepsie verwendet. Der Begriff ist immer noch in der Medizin gebräuchlich, bezeichnet aber heute nur noch unter der Geburt auftretende Krämpfe der Schwangeren, die auf der Grundlage einer Störung durch ungenügende Anpassung des

Stoffwechsels der Frau an die Bedingungen der Schwangerschaft entstehen > eccclampsia puerpalis.

erblich, Erb-: Übertragung einer Erkrankung von den Eltern auf die Kinder; heute auf die in der Erbsubstanz (DNA) fixierten Merkmale begrenzt, früher auch im Sinne von angeboren oder von infektiös verwendet, z.B. für die angeborene Syphilis.

Erbgrind: Impetigo (Eiterflechte) mit tiefen Hautgeschwüren.

Erbseuche > Seuche.

Erbsucht > Sucht.

Erkältungsfieber: Influenza, Grippe.

Ermattung: Kräfteverfall.

Erstörung der Glieder: Gliederkrampf, Lähmung.

eructuatio (lat.): Auswurf, Aufstoßen.

e. sanguinis: Blutauswurf.

Erysipel, *erysipelas* (griech.): Rotlauf > Rose.

Eselshusten > Husten.

Ettich: Schwindsucht, Asthma.

Eukrasie > Dyskrasie.

exanthema scorbutuum (lat.) > scorbutischer Friesel.

excrementum (lat.): das Ausgeschiedene.

excretio (lat.): Ausscheidung.

e. criticae: Auswurf bei Lungenentzündung auf dem Höhepunkt der Erkrankung.

exitus (lat.): Tod.

extinctus (lat.): gestorben, umgekommen.

e. ante partum: gestorben vor der Geburt.

e. in utero: im Mutterleib gestorben.

F

Fäule: Gewebszerfall unterschiedlicher Ursache; nach der Vorstellung der alten Ärzte eine Entmischung der normalen Gewebszusammensetzung. Dieser Bezeichnung kann Krebs, Infektion o.ä. zu Grunde liegen.

fahrende Gicht > Gicht.

Falbel: Krampfanfallsleiden.

fallendes Siechtum > Siechtum.

Fallsucht: Epilepsie, Krampfanfallsleiden > Sucht.

Fallübel, *fallendes Übel* > Epilepsie, Krampfanfallsleiden > Übel.

falsche Kinderblattern > Blattern.

falsche Rose > Rose.

falsches Seitenstechen > Seitenstechen.

fatuus (lat.): schwachsinnig.

Faulfieber: Typhus > Fieber.

faulichte Rose > Rose.

faulige Ruhr > Ruhr.

Faulwassersucht: Typhus > Sucht.

Favi: Impetigo (Eiterflechte) mit geschwürigen Hautveränderungen beim Säugling.

febricare, febricitare (lat.): fiebern.

febricito (lat.): fiebern, im Fieber liegen.

febris (lat.): Fieber. Da eine Unterscheidung nach der Ursache in der Mehrzahl der Fälle nicht möglich war, erfolgte eine Einteilung nach äußeren Ursachen, wobei das Symptom häufig im Sinne einer Diagnose verwendet wurde. Die Differenzierungen wurden teilweise sehr formal gehandhabt, ohne einen nach unseren heutigen Vorstellungen ersichtlichen diagnostischen oder therapeutischen Wert der Zuordnungen. So unterschied man febris continua (kontinuierliches Fieber) und febris intermittens (Fieberschübe mit dazwischenliegenden fieberfreien Intervallen), wobei febris intermittens simplex tageweise und febris intermittens composita mehrfach am Tage auftretendesFieber war. Febris continua quotadiana war im Laufe des Tages ansteigendes Fieber, febris continua tertiana ein Fieberverlauf, bei dem jeweils ein Tag, febris continua quartana, bei dem zwei Tage mit relativ niedrigem Fieber zwischengeschaltet waren. Das febris intermittens simplex wurde in diesem Sinne ebenfalls je nach der Zahl der zwischengeschalteten Tage unterschieden (quotadiana, tertiana, quartana, quintana, sextana, wobei im Zedler betont wird, daß die beiden letzteren selten seien). Analog dazu werden beim febris intermittens composita unterschieden:

- febris intermittens composita quotadiana duplicata (täglich zweimal auftretendes Fieber).
- febris intermittens composita quotadiana triplicata (täglich dreimal auftretendes Fieber).
- febris intermittens composita quotadiana quadruplicata (täglich viermal auftretendes Fieber).
- febris intermittens composita tertiana duplicata (zweimal täglich auftretendes Fieber bei zweitägigen Intervallen) usw.

Es läßt sich unschwer erkennen, daß der Fieberverlauf während einer Erkrankung nicht über längere Zeit diese Regelmäßigkeit aufweist und die Einordnung im individuellen Falle recht willkürlich gehandhabt worden sein dürfte.

f.acuta: heftiges Fieber.

f. acutae continuae benignae: fieberhafte, nicht zu den Infektionskrankheiten zählende Erkrankung.

f. acutae continuae malignae: ansteckende fieberhafte Erkrankung, Pocken, Masern.

f. alba: Fieber bei durch Blutarmut (Anämie) geschwächten Personen.

f. alba virginea > Jungfernkrankheit.

f. algida: kaltes Fieber (Fieber im Anstieg, Schüttelfrost).

f. anxiosa, f. assodes: mit Angstzuständen einhergehendes Fieber.

f. ardens: hitziges Fieber. Das Hitzegefühl entsteht besonders auf dem Höhepunkt und bei Abfall des Fiebers durch die Abstrahlung von Wärme an die Umgebung. Im Gegensatz dazu drosselt der Körper im Fieberanstieg die Wärmeabgabe, wodurch subjektiv ein Kältegefühl entsteht (Schüttelfrost).

f. arthritica. Gichtfieber.

f. asthmatica: Mit Atemnot einhergehendes Fieber, in der Regel bei Lungenentzündung.

f. assodes > f. anxiosa.

f. auctumnalis: Herbstfieber, Fieber bei (im Herbst gehäuften) Erkältungskrankheiten.

f. benigna: gutartiges Fieber.

f. biliosa: Gallenfieber; Fieber bei Gallenblasenentzündung mit Ikterus (Gelbsucht).

f. bullosa: „Blasenfieber“. Mit Fieber und Blasenbildung an Haut und/oder Schleimhäuten einhergehende Erkrankung; kein bestimmtes Krankheitsbild, eventuell ist im Einzelfall eine Zuordnung nach den Symptomen möglich.
f. cacatoria > Cacatoria Febris.
f. calida: heftiges Fieber.
f. cardiaca: Fieber mit stechenden Schmerzen im Herzbereich.
f. castrensis > (Feld-)Fieber.
f. catarctica siehe cacatoria.
f. catarrhalis: Fieber bei Bronchitis, Katarrhen usw.
f. colliquatiua: Fieber mit extremer Abmagerung.
f. contagiosa: ansteckendes Fieber.
f. continua: anhaltendes, in seiner Stärke wechselndes Fieber, das einige Tage anhält.
f. continua benigna: gutartige Form.
f. continua maligna: bösartiger Verlauf.
f. continens: heftiges, ununterbrochen anhaltendes Fieber (z.B. bei Pest).
f. deiectoria siehe cacatoria.
f. diaria > Diaria Febris.
f. elodes: Fieber mit anhaltender Schweißabsonderung.
f. ephemera: eintägiges Fieber, nach der Ursache sehr unterschiedlich, z.B. Sonnenstich.
f. epiala: Fieber mit Wechsel zwischen Kälte- und Hitzegefühl.
f. epidemica: als Epidemie auftretende fieberhafte Erkrankung.
f. erratica: Fieber ohne erkennbaren Rhythmus.
f. famelica: „Freßfieber“, ständiges Hungergefühl trotz Fieber.
f. fervens: hitziges Fieber.
f. flava: Gelbfieber.
f. gastrica: Typhus, „gastrisches Fieber“.
f. hectica: Fieber bei „abzehrenden“ Krankheiten, beispielsweise Tuberkulose > Hectica.
f. hepatica: mit Ikterus (Gelbsucht) einhergehendes Fieber.
f. horritica: Schüttelfrost.
f. hungarica > Morbus castrensis.
f. icterica: Gelbfieber.
f. inflammata: mit Entzündung verbundenes Fieber, z.B. Gesichtsrose, Rotlauf.

f. insania: Fieber mit deliranten (Tobsuchts-)Zuständen.
f. intermittens: in Abständen auftretendes Fieber, Wechselfieber.
f. lactea: Milchfieber, siehe Lacteus.
f. leipipia: Fieber mit Pulsbeschleunigung und Durstgefühl.
f. lenta: schleichendes Fieber.
f. lenta acuta: schleichendes Fieber, das 2-3 Wochen anhält.
f. lenta continua: langanhaltendes schleichendes Fieber.
f. leprosa: Lepra.
f. lymphatica > Flußfieber.
f. lyngodes, f. singultosa: „Schluckfieber", Singultus („Schluckauf") bei bestehendem Fieber.
f. maligna: bösartiges, hitziges Fieber.
f. miliaris: Scharlach und andere mit frieselartigem Exanthem (Hautausschlag) verbundene fieberhafte Erkrankungen.
f. nervosa: „Nervenfieber" > Fieber.
f. parturientium: Kindbettfieber.
f. pectoralis: (Fieber bei) Lungenentzündung.
f. peracuta: sehr heftiges Fieber.
f. petechialis: Fleckfieber.
f. phlegmatica > Humoralpathologie.
f. phricodes: Schüttelfrost.
f. phthisica: Fieber bei „abzehrenden" Krankheiten, beispielsweise Tuberkulose.
f. prafocans: Fieber mit Erstickungsanfällen.
f. pruriginosa rubra: Nesselfieber.
f. puerpalis: Kindbettfieber.
f. purpura miliaris, f. purpurata > f. miliaris.
f. putrida: Sepsis („Blutvergiftung"), auch Typhus.
f. quartana > febris.
f. quotidians: täglich wiederkehrendes Fieber.
f. rheumatica > (Gicht-)Fieber.
f. scarlatinosa rubra: (Fieber bei) Scharlach.
f. scorbutica: skorbutisches Fieber.
f. singultosa > f. lyngodes.
f. sputatoria: „Speifieber", Fieber bei gleichzeitiger erheblicher Schleimsekretion, die zu gehäuftem Ausspeien Anlaß gibt.

f. sterica: Entzündungsfieber.
f. stomachica: vom Magen herrührendes Fieber.
f. symptomatica: Fieber als Symptom, z.B. bei Wundrose.
f. synocha: anhaltendes Fieber.
f. tertiana > febris.
f. topica: Wärme als Symptom bei örtlichen Entzündungen.
f. torminalis: Fieber mit Koliken.
f. tussiculosa: mit Husten einhergehendes Fieber.
f. typhodes: Schweißfieber.
f. uretica: mit Harndrang oder -flut einhergehendes Fieber.
f. urticata: Nesselfieber.
f. verminosa > Wurmfieber.
f. vernalis: Frühlingsfieber > Herbstfieber.
f. vesicularis: Fieber bei Blasen- bzw. Harnwegsentzündung.
f. vomitoria: mit Erbrechen einhergehendes Fieber.
f. vulneraria: Wundfieber.

febricula (lat.): leichtes Fieber.
febriculosus (lat.): fieberhaft.
fecunda (lat.): schwanger.
Feldfieber, *Feldkrankheit* > Fieber.
Ferchschlag > Schlag.
Fervor (griech.): Entzündung, Hitze.
fetus, a (lat.): fruchtbar, schwanger.

1. Nachkommenschaft (auch fetura).
2. adj.: fruchtbar, schwanger.

Feuchte: Flüssigkeit.
feuchte Ohren:

1. Otitis media purulenta.
2. Eiterflechte des Gehörgangs.

feuchte Gangrän > Gangrän.
feuchter Brand > Brand.
feuchter Dampf > Dampf.
Geburtsfeuchtigkeit: Lochien-(Wochen-)fluß.
Gliederfeuchtigkeit: Gelenkerguß.

Feuer:

1. jede starke Hautrötung.

2. Phlegmone.
3. Scharlach.

Feuerblatter: infizierte, schmerzhafte Blase, die vorwiegend nachts aufbrechen soll.

Fieber: Anstieg der Körpertemperatur, auch verwendet für Krankheitsbezeichnungen. In der Volksmedizin als Dämon aufgefaßt, der den Körper befällt. Synonym verwendet werden Begriffe wie *Koortsen, Korsen, Ketsen, Kessen* (nordd.) oder > *Ritten*. Grundsätzlich werden daher mit diesen Worten ähnliche Kombinationen gebildet (viertägiges Fieber, viertägige Koortsen, viertägiger Ritten). Viele der verwendeten Bezeichnungen lassen sich heute kaum noch eindeutig zu einem Krankheitsbild zuordnen. Angstfieber bezeichnete ein den Kranken beängstigendes Fieber oder auch nervöse Unruhe im Rahmen einer fieberhaften Erkrankung, Blitzfieber eine plötzlich auftretende fieberhafte Erkrankung und nervöses Fieber (nicht Nervenfieber) einen erregten Zustand im Rahmen einer fieberhaften Erkrankung. Andere Begriffe sind örtliche Situationsbeschreibungen für allgemein bekannte Krankheitsbilder. So war das Lagunenfieber die unter der österreichischen Garnison in Venedig umgehende Malaria.

ab-(aus-)zehrendes Fieber, hektisches Fieber, Zehrfieber, ausdörrende Krankheit: Fieber bei Tuberkulose und chronischen Eiterungsprozessen, das mit Gewichtsverlust und einem allmählichen Kräfteverfall einhergeht.

alte Fieber: chronische, schleichende, unheilbare fieberhafte Erkrankungen.

arges Fieber: bösartiges Fieber.

Beulenfieber: Milzbrand.

Blasenfieber:

1. fieberhafte Entzündung der Harnblase.
2. mit Fieber und Blasenbildung an Haut und/oder Schleimhäuten einhergehende Erkrankung; kein bestimmtes Krankheitsbild, eventuell ist im Einzelfall eine Zuordnung nach den Symptomen möglich.

Blatternfieber: (Fieber bei) Pocken.

Brandfieber: Fieber aus unterschiedlichster Ursache: bei infizierter Gangrän (> Brand), bei Blutvergiftung oder bei Verbrennungen, aber auch sehr hohes Fieber bei inneren Erkrankungen.

Brechfieber: mit Erbrechen einhergehendes Fieber unterschiedlichster Ursache.

cholerische Fieber > Gallenfieber.

Brustfieber: (Fieber bei) Lungenerkrankungen, Lungenentzündung.
Carfunkelfieber: eintägiges Fieber.
Eiterfieber: Blutvergiftung.
Faulfieber: Typhus, auch Fieber bei > feuchter Gangrän.
Feldfieber, -krankheit, Kriegsfieber, Lagerfieber, Soldatenfieber, -krankheit, febris castrensis, morbus castrensis: unter den Soldaten im Kriege umgehende Seuchen, in der Regel Typhus oder Fleckfieber.
Fieberangst > Angst.
Flußfieber:
1. Grippe.
2. Malaria.
3. rheumatisches Fieber.
Frieselfieber: Eine sichere Zuordnung ist meist nicht möglich. Der Begriff bezeichnet die unterschiedlichsten, mit einem frieselartigen Ausschlag einhergehenden fieberhaften Erkrankungen: Scharlach, Masern, Röteln, Fleckfieber, aber auch Exantheme im Rahmen von Viruserkrankungen, die normalerweise nicht mit Ausschlag einhergehen (Grippe).
Gallenfieber: Typhus, auch fieberhafte Erkrankung mit Gelbsucht (Cholangitis [Entzündung der Gallenwege]).
gastrisches Fieber: Typhus, hochfieberhafte Erkrankungen.
Gichtfieber, febris rheumatica: fieberhafte Erkrankung mit wechselnden Gelenk- und Gliederschmerzen. Zu Grunde liegen kann eine rheumatische Erkrankung ebenso wie eine fieberhafte Grippeerkrankung.
giftige Fieber: fieberhafte, hochinfektiöse, oft tödlich verlaufende Seuchen.
hektisches Fieber > abzehrendes Fieber.
Heufieber: Heuschnupfen.
Hirnfieber, (hirn-)tobendes Fieber, Kopffieber, Tobfieber: Enzephalitis (Gehirnentzündung), Meningitis (Hirnhautentzündung).
hitziges Fieber: hohes Fieber.
Hospitalfieber, Lazarettfieber, Spitalfieber: meist Typhus.
Hustenfieber: Grippe, mit Husten einhergehende fieberhafte Erkrankungen.
kaltes Fieber: Schüttelfrost.
Katarrhalfieber: Influenza, Grippe.
Kerkerfieber: meist Typhus.
Kindbettfieber, Mutterfieber, Puerperalfieber: (in der Vergangenheit meist

tödlich verlaufende, durch Ärzte und Hebammen in Unkenntnis der Ansteckungsgefahr übertragene) Infektion der Gebärenden unter der Geburt.

Kopffieber > Hirnfieber.

Kriegsfieber > Feldfieber.

Lagerfieber > Feldfieber.

Lagunenfieber: die unter der österreichischen Garnison in Venedig umgehende Malaria.

Lazarettfieber > Hospitalfieber.

Lungenfieber: Lungenentzündung.

Mutterfieber > Kindbettfieber.

Nervenfieber: Typhus, teilweise auch andere mit Gehirnsymptomen einhergehende Infektionskrankheiten.

Petechialfieber: Fleckfieber.

Pockenfieber: (Fieber bei) Pocken.

Puerperalfieber > Kindbettfieber.

rasendes Fieber, unsinniges Fieber: Fieberdelirium.

Scharbockfieber, scorbutisches Fieber: fieberhafte Erkrankungen bei > Scorbut, aber auch bei unterernährten Personen.

scharfe Fieber, schnelle Fieber: akutes Fieber.

Scharlachfieber: Scharlach.

Schnupfenfieber: Influenza, Grippe.

Soldatenfieber > Feldfieber.

Spitalfieber > Hospitalfieber.

Stirnenfieber: Hirnhautentzündung.

Tobfieber, tobendes Fieber > Hirnfieber.

unsinniges Fieber > rasendes Fieber.

Verjauchungsfieber: Fieber bei > feuchter Gangrän.

Wechselfieber: In seiner Intensität wechselndes oder schubweise auftretendes Fieber (z.B. Wiederauftreten nach einem fieberfreien Tag = Tertianfieber). Heute nur noch für Malaria verwendet.

Wurmfieber: angeblich durch Eingeweidewürmer hervorgerufenes Fieber.

Zahnfieber: Fieber während des Zahndurchbruches bei kleinen Kindern > dentitio difficilis.

Zehrfieber, zehrendes Fieber > abzehrendes Fieber.

Fingerwurm > Wurm.

Fischschuppenaussatz > Aussatz.

fistula (lat.): falsche Verbindung zwischen Körperoberfläche und Körperinnerem oder zwischen verschiedenen Hohlorganen, kann entstehen durch Fehlbildung, entzündliche Erkrankung, fehlerhafte „Heilung“ nach Operation.

Flatulenz, *flautulentia* (lat.): Blähungen.

flebotomare (griech.): zur Ader lassen.

Flebotomia (eigentlich *plebotomia* [griech.]) > Aderlaß.

Flechte: Hautinfektion durch Pilze oder Eitererreger, auch Ekzem.

flechtende Seuche > Seuche.

fressende Flechte > Aussatz.

Flecken: Erkrankung mit Exanthem (Ausschlag).

böse Flecken: Pestbeulen.

rote Flecken: Masern.

Fleckfieber > Fieber.

Flecksucht > Sucht.

Fleischschwamm > Schwamm.

flüssiger Bauch: Durchfall.

Fluß (lat. *fluvius*): Sammelbegriff für zahlreiche Erkrankungen und Vorgänge, bei denen es zur Ausscheidung von Blut, Schleim und anderen Körperflüssigkeiten kam. Auch innere Blutungen wurden dazugezählt (Schlaganfall). Ebenso wurden mit in der Lokalisation oder in der Stärke wechselnden Schmerzen einhergehende Erkrankungen hier zugeordnet, bei denen eine fließende Krankheitsmaterie angenommen wurde (Erkrankungen des rheumatischen Formenkreises, Gicht).

Blutfluß: Ruhr, Hämorrhoidenblutung, Darmblutung anderer Ursache.

Fluß der güldenen Ader: Hämorrhoidenblutung.

Flußfieber: fieberhafter grippaler Infekt.

Hauptfluß: Schnupfen.

Hirnfluß: Kopfschmerz.

Lähmfluß: Schlaganfall mit nachfolgender Lähmung.

Leberfluß: Ruhr ohne Fieber.

Schlagfluß: Schlaganfall. Der Begriff wird für jeden plötzlichen Todesfall verwendet, bei dem eine andere Ursache nicht ersichtlich war, beispielsweise auch bei Säuglingen und Kindern.

scorbutischer Fluß: rheumatische Beschwerden.

Steckfluß, Stickfluß: Lungenödem, Flüssigkeitsansammlung in der Lunge infolge von Herzversagen.

weißer Fluß: Ruhr.

fluvius (lat.) > Fluß.

fluxus (lat.): Entleerung.

f. albus: Ruhr.

f. durius: eitrige Mittelohrentzündung mit Durchbruch durch das Trommelfell.

f. hepaticus: Ruhr ohne Fieber.

f. lochiorum: Wochenfluß.

Hämorrhoidum fluxus: Hämorrhoidenblutung.

foetidus (lat.): stinkend.

fomentationes (lat.): Blähungen.

fornicatio (lat.): Unzucht, Hurerei.

fractus vesicae (lat.): Verletzung, Riß der Harnblase.

Frais (Fraisch, Freisass, Fraischem, Fresem, Fraisen, Fräsel, Freiseln, Fraislein, Fraissel, freisslich, Gefraiss, G'fraiß, G'frasch): Krämpfe, auch Schlaganfall.

G'nackfrais: Hirnhautentzündung (Meningitis).

Hirn-/Kopffrais: andere entzündliche Hirnerkrankungen.

Mutterfrais > ecclampsia puerpalis.

rote Frais: Rotlauf mit Delirien.

Stickfrais: Keuchhusten.

Zahnfrais: Zahnkrämpfe.

Franzosen, *Franzosenaussatz, französische Krankheit, französische Pocken*: Syphilis.

Frauenblume > Blüte.

Frauenunreinigkeit > Reinigung.

Frauen-(zimmer-)krankheit: Menstruation.

Frauensucht > Sucht.

Freischlein, *Freisass, Fräsel, Freisel* > Frais.

fressende Flechte > Aussatz > Lupus.

fressender Aussatz > Aussatz.

Friesel, auch *roter Friesel*: Scharlach, gegen andere mit Exanthem (Ausschlag) einhergehende Erkrankungen nur ungenau abzugrenzen. Begriffe wie *„Wöchnerinnenfriesel" bzw. Friesel unter der Geburt* (dem durchaus auch einmal ein Wundscharlach zu Grunde liegen kann, vor allem wenn er als Todesursache auftaucht) sind heute nicht mehr eindeutig zuzuordnen. Im einzelnen

kann es sich auch um allergische und toxische Ausschläge handeln.
Frieselfieber > Fieber.
bösartiger Friesel: Scharlach oder sonstige mit Hautausschlag einhergehende akute Erkrankung.
gutartiger Friesel: Hautausschlag ohne Fieber.
weißer Friesel: Hautausschlag mit eitrigen Bläschen, Impetigo contagiosa.

Frühsommerkatarrh > Katarrh.

Fuchshusten > Husten.

Fuchssucht > Sucht.

Furunkel: schmerzhafte, in die Tiefe übergreifende Entzündung eines Haarbalges und seiner Umgebung. Nach Gewebeeinschmelzung erfolgt Entleerung des Eiters und Abheilung unter Narbenbildung.

Fußreißen > Gicht.

Fußzipperlein > Gicht.

G

galante Krankheit: Syphilis.

Galle, schwarze: Schwermut, Depression > Dyskrasie.

Gallenbrechruhr, *Gallenruhr*: Cholera, auch andere heftige Durchfallserkrankungen.

Gallenfieber > Fieber.

Gallenkrankheit: früher nicht Krankheit der Gallenblase oder der Gallenwege, sondern eine Krankheit, deren Ursache man entsprechend der antiken Säftelehre in einer verdorbenen oder zu reichlichen Galle suchte.

Gallenruhr > Gallenbrechruhr.

Gallensucht > Sucht.

Gallfluß: Knochenkrebs.

gallicus morbus (lat.): Syphilis.

Gallsucht > Sucht.

Gangrän > Brand.

gastrisches Fieber > Fieber.

Gebein > Bein.

Gebrest(en) > Brest.

Geburtenreinigung: Wochenfluß.

Geburtsdrang > Drang.

Geburtsfeuchtigkeit: Wochenfluß.

Geburtsmal: Muttermal.

Gefraiß, *G'frais, G'frasch, Gefreisch* > Frais.

Gehirnschlag > Schlag.

geile Seuche > Seuche.

gelber Brand > Brand.

gelber Schelm > Schelm.

gelbe Sucht, *Gelbsucht* > Sucht.

Gelenkknoten > Gichtknoten.

Gemächte: männliche Geschlechtsteile.

gemeiner Schelm > Schelm.

Gehirnschlag > Schlag.

Gemütskrankheit: psychische Erkrankung, Psychose.

Gerinn > Kolik.

Geschoß: Hexenschuß.

Geschwür (auch *Geschwär*): örtlicher, tiefreichender Substanzverlust an Haut oder Schleimhaut.

Geschwulst: häufig benutzte Krankheitsbezeichnung, die für lokalisierte und generalisierte Schwellungszustände verschiedenster Ursachen verwendet wurde. Der Begriff war für bösartige Tumoren (Krebs) und entzündliche Schwellungen unterschiedlichster Art ebenso üblich wie für Hungerödeme, wobei letztere häufig mit dem Terminus > *Wassersucht* bezeichnet wurden.

geschwürige Rose > Rose.

Gesichtsrose > Rose.

gewöhnliche Blume > Blüte.

Gewürzkrämerkrätze > Krätze.

gibbosus, *gibberosus* (lat.): bucklig, verwachsen.

Gicht, *(St.-)Apollinaris-Krankheit, Gichtkrankheit, reißende Gicht, gichtreißende Krankheit, Meuchel, Zipperlein*: Der Begriff Gicht wurde für anfallsartig auftretende Krankheiten, aber auch ganz allgemein für Krämpfe verwendet (> Gichter). Heute verstehen wir unter Gicht eine Krankheit des Harnsäurestoffwechsels mit anfallsartigen Stoffwechselkrisen. Hinter dem Begriff Gicht kann sich also eine Stoffwechselerkrankung des Harnsäurestoffwechsels, eine Erkrankung des rheumatischen Formenkreises, ein Krampfanfallsleiden (Epilepsie) oder auch ein Schmerzzustand anderer Ursache verbergen. Meuchel und Zipperlein wurden synonym für Gicht verwendet. Die Bezeichnung erfolgte in der Vergangenheit vorwiegend nach der jeweiligen Lokalisation:

Chiragra (griech.): Handgicht.

Darmgicht: Koterbrechen.

fahrende Gicht: Schmerzzustände wechselnder Lokalisation.

Fußreißen > Podagra.

Fußzipperlein > Podagra.

Gichtrose > Rose.

Gonagra (griech.), *Kniezipperlein*: Gichtschmerzen im Kniegelenk.

Handzipperlein: Schmerzen im Daumengrundgelenk.

Ischiagra (griech.): Hüftgicht, Hüftgelenksschmerzen.

kalte Gicht, kaltes Zipperlein: Schmerzen mit Kältegefühl, schwer zuzuordnen.

Kopfgicht: Krampfanfallsleiden, Epilepsie.

Podagra (griech.): Gichtschmerzen im Großzehengrundgelenk.

podragicus (lat.): an Podagra Erkrankter.

Gichter: Krämpfe, auch Krankheit allgemein.

Halsgichter: Diphtherie, Krupp (Atemnot durch entzündliche Anschwellung der Kehlkopfschleimhaut).

giftige Fieber > Fieber.

giftige Krankheit: Infektionskrankheit.

Glaucoma, *Glaukom* > grüner Star.

Gleichknollen > Knollen.

Gleichenknöpfe > Knopf.

Gliederfeuchtigkeit > Feuchte.

Gliederkälte: Gelenkrheumatismus.

Gliederreißen > Reißen.

Gliederstopfung: Schlaganfall.

Gliederweh: Rheumatismus, Gicht.

Gliedschwamm > Schwamm.

Gliedertanz > Veitstanz.

G'nack-Frais > Frais.

Gnarrband: Sehnenscheidenentzündung.

Gnatz, *Gnass, Gneiß, Gnätze*: Grind.

Gnurrband > Gnarrband.

Gonagra > Gicht.

Grand, *Grant*: Soor, Schwämmchen.

Harn-Grand: Sand und Gries im Urin.

Mehl-Grand: wie Mehl ausgestreuter Soor.

Grasseln, *Graß* (Steiermark): Infektionskrankheit mit Ausschlag (Masern, Scharlach).

grauer Star > Star.

gravedo (lat.): Schnupfen.

gravida (lat.): die Schwangere.

graviditas (lat.): Schwangerschaft.

gravitas mentis (lat.): Schwermut, Melancholie.

Griebelkrankheit,*-sucht*: Mutterkornvergiftung.

Gries:

1. Schmerz bei Nieren- und Blasensteinleiden.
2. Urinbeschwerden.
3. sandiges Harn- und Gallensediment.
4. Soor der Mundhöhle.

Hautgries: Milien.
Lendengries: Nierenkolik.
Nierengries: Nierenkolik.
Steingries: Nierenkolik.

Grimmen, *grimme Mutter*: Schmerzen, Kolik.

Grind: borkige Hautausschläge bei Säuglingen und Kleinkindern (Kruste, Impetigo [Eiterflechte], Milchschorf, Ekzem).
böser Grind: Impetigo, Ekzem.

große Not > Not.

großer Schelm > Schelm.

grüner Star > Star.

güldene Ader > Hämorrhoiden.

Gürtelrose > Rose > Herpes zoster.

Gürtelschlag > Schlag.

Gürtelwurm: Gürtelrose.

gutta serena (lat.): „schwarzer Star", Blindheit, die nicht durch eine Trübung der Augenlinse oder des Glaskörpers hervorgerufen wird und daher keine Verfärbung der Pupille hervorruft.

H

Hämoptysis, *Hämophthisis* (griech.): Bluthusten, häufig Symptom für Lungentuberkulose.
haemorrhagia nasium (griech., lat.): Nasenbluten.
Haemorrhagien (griech.): Blutungen.
Haemorrhoea, Hämorrhoia (griech.): Blutsturz, Blutfluß.
Hämorrhoidum fluxus (griech., lat.) > fluxus.
häutige Bräune > Bräune.
Halsbräune > Bräune.
Halsgeschwür: auch verwendet für Angina, Diphtherie.
Halsgichter > Gichter.
Halskatarrh > Katarrh.
Halsknoten: Struma, Schilddrüsenvergrößerung.
Halssucht: Angina, Dipththerie.
Handzipperlein > Gicht.
Harnbrand > Brand.
Harnbrennen > Brennen.
Harnhitze > Hitze.
Harnruhr > Ruhr.
Harnschweiß > Schweiß.
Harnwinden: Blasenentzündung.
Hartdämpfigkeit > Dampf.
harte Geburt: schwere Geburt.
Hasenmund: Lippen-Kiefer-Gaumen-Spalte.
Hasengesicht: Lippen-Kiefer-Gaumen-Spalte.
Hasenschaden, *Hasenscharte* > Schaden.
Hauptfluß > Fluß.
Hauptkrankheit: Gehirnentzündung, auch Typhus.
Hauptnagel: Kopfschmerz.
Hauptphlegma: Schnupfen.
Hauptschuß: Sonnenstich.
Hautknöpflein > Knopf.
Hautröte > Röte.
hebetudo (lat.): Stumfheit, Gefühllosigkeit, Schwachsinn.
hebetudo auditus: Schwerhörigkeit.

hectica (lat.): Schwindsucht, Tuberkulose.
Heidepocken > Pocken.
heiliges Weh > Weh.
Heisch: Entzündung, Geschwulst.
hektisches Fieber > Fieber > hectica.
Hemikranie (griech.): einseitiger Kopfschmerz, Migräne (heute wird mit dem Begriff eine Fehlbildung bezeichnet, bei der einseitig die Schädelknochen fehlen).
Hemiplegia (griech.): halbseitige Lähmung.
Herbstkatarrh > Katarrh.
Hernia (griech.): (Leisten-)Bruch.
Hernia veneria: entzündliche Schwellungen äußerer Lymphknoten in der Leistengegend bei Geschlechtskrankheiten.
Herpes (griech.), m.: Sammelname für Erkrankungen mit gruppenförmig angeordneten, schmerzhaften Bläschen mit wässrigem Inhalt.
Herpes corneae: schmerzhafte Entzündung der Hornhaut des Auges.
Herpes zoster: Gürtelrose, heute meist Zoster genannt. Schmerzhafte, streng halbseitig im Verlauf eines Hautnerven auftretende Bläschenerkrankung, verursacht durch das Windpockenvirus bei ungenügender Immunitätsentwicklung.
Herrenkrankheit: Gicht
Herzangst > Angst.
Herzdampf > Dampf.
Herzgespann: unklare Schmerzangaben kleiner Kinder.
Herzklemme > Angina pectoris.
Herzklopfen: beschleunigte Herzaktion. Wenn H. als Todesursache angegeben wird, liegt ein Kreislaufversagen zu Grunde, ohne daß nachträglich Angaben zur Ursache gemacht werden können.
Herzmangel: Herzfehler.
Herznot > Not.
Herzritten > Ritten.
Herzschlag > Schlag.
Herzsparr, *Herzsperr, Herzgesparre*: Angina pectoris, krampfartige Verengung der Herzkranzgefäße.
Herzübel > Übel.
Herzwassersucht > Sucht.

Herzwurm: Sodbrennen.
Hexenmal: Teufelsbiß > Biß.
Heufieber > Fieber.
Hexenschuß > Schuß.
hinfallende Seuche > Seuche > Epilepsie.
Hirnfieber, (hirn-)tobendes Fieber > Fieber.
Hirnfluß > Fluß.
Hirnfrais > Frais.
Hirnschwamm > Schwamm.
Hirnwut: Tollwut.
Hitze:

1. Fieber.
2. Krankheit, die mit Fieber einhergeht.
3. fieberhafte Hautausschläge.

Hitzigkeit: brennende Schmerzempfindung.
Afterhitze: Intertrigo, entzündliche Rötung am After.
Augenhitze: Bindehautentzündung.
Bluthitze: Fieber.
böse Hitze:

1. Fieberhitze bei schweren Infektionskrankheiten.
2. Urinverfärbung bei solchen Infektionskrankheiten.

fliegende Hitze: schnell entstehendes und rasch verschwindendes Fieber.
Harnhitze (-hitzigkeit):

1. böse Hitze.
2. brennender Schmerz beim Urinlassen/Tripper.

Hauthitze: Hautentzündung.
herzige Hitze: Atemnot, Dyspnoe.
Hitzblätterchen, Hitzblütchen > Blüte.
hitzige Augen: entzündete Augen.
hitzige Krankheit > Hitze.
hitziger Magen > Katarrh.
hitziger Schlag > Schlag.
hitziges Fieber > Fieber.
hitziges Siechtum > Siechtum.
hitzige Wut > Wut.
Hitzpocken > Pocken.

Hitzschlag > Schlag.

innerliche (innerbrüstige) Hitze: Fieber mit dem Gefühl des inneren Brandes.

Milchhitze: Hitzegefühl beim Einschießen der Milch.

Mundhitze: Mundkatarrh mit brennender Empfindung auf der Mundschleimhaut.

natürliche Hitze: natürliche Körperwärme.

Rittenhitze, Paroxysmus febris: Zustand nach dem Schüttelfrost. Während des Schüttelfrostes besteht ein Kältegefühl und die Wärmeabgabe des Körpers ist gedrosselt, wodurch es zum Anstieg der Körpertemperatur kommt. In der Phase des absinkenden Fiebers ist die Situation umgekehrt: Die Blutgefäße sind weitgestellt, es besteht ein subjetives Hitzegefühl bei Schweißausbrüchen.

Sonnenhitze, Sommerhitze: Sonnenstich.

unnatürliche Hitze: Fieber.

stete Hitze: kontinuierliches Fieber (febris continua remittens).

Venushitze: Entzündung der weiblichen Geschlechtsteile (Inflammatio pudentorum).

Hörübel: Schwerhörigkeit.

Hospitalfieber > Fieber.

(St.) Hubertus-Krankheit: Tollwut.

Hüftgicht > Gicht.

Hüftweh: 1. Ischias.

2. Hüftgelenkserkrankung, Hüftgelenksschmerzen, häufig Arthrose.

Hünsch: Pestfieber, Beulenpest.

Hundshusten > Husten.

Hundsschübel > Schübel.

Hundswut: Tollwut.

Hungarica febris, *Hungarica morbus, ungarisches Fieber, ungarische Krankheit*: seuchenartig unter den Soldaten während der Feldzüge auftretende Krankheiten, in der Regel Fleckfieber. Heute versteht man unter Fleckfieber eine durch den Erreger Rickettsia prowazeki hervorgerufene und durch Kleiderläuse übertragene schwere Infektionskrankheit. Bis ins 19. Jahrhundert hinein wurden Typhus, Paratyphus und Fleckfieber nicht sicher unterschieden. Noch Virchow hat die oberschlesische Fleckfieberepidemie von 1848 als Bauchtyphus beschrieben.

Hungertyphus > Typhus.

Hungerübel > Hungertyphus.

Hurenkrankheit, -seuche: Syphilis.

Husten: Wurde als Krankheit, nicht als Symptom angesehen. Wenn der Begriff als Todesursache auftaucht, ist er nicht eindeutig zuzuordnen. Zu Grunde liegen können Krankheiten unterschiedlichster Ursache (Tuberkulose, Lungenentzündung, Lungenkrebs) > Tussis.

alte Husten: chronische Bronchitis, Tuberkulose.

böse alte Husten: chronisches Lungenleiden mit Auswurf.

Bauernhusten: grober, bellender Husten.

Blasehusten: pfeifender Husten bei Asthma oder sonstiger Atemnot.

blauer Husten: Keuchhusten.

Block-Husten: Krupphusten.

Bluthusten: Husten mit blutigem Auswurf.

Brusthusten:

1. bellender, „von der Brust ausgehender" Husten.
2. Keuchhusten.

feuchter Husten: Husten mit leichtem Auswurf.

dämpfiger Husten: asthmatischer Husten.

dürrer Husten: trockener Husten ohne Auswurf.

Eselshusten: stark bellender Husten.

Fuchshusten: Keuchhusten.

gichterischer Husten: Keuchhusten.

Gottesacker-Husten: Husten bei Tuberkulosekranken im letzten Stadium der Erkrankung.

großer Husten: Grippeepidemie.

harter Husten: schmerzhafter Husten.

heißer (hitziger) Husten: trockener Husten bei fieberhafter Erkrankung und Lungenentzündung.

hinterstelliger Husten: ein nach Abklingen der wesentlichen Krankheitszeichen noch längere Zeit anhaltender Husten.

Hundshusten: Keuchhusten.

Hustenfieber: Grippe, mit Husten einhergehende fieberhafte Erkrankungen.

Kinderhusten: Keuchhusten.

King-Husten (Holstein): Keuchhusten.

Kitzelhusten: Husten mit Kitzelreiz im Rachen.

Krampfhusten: krampfartige Hustenanfälle bei Keuchhusten.

Schleimhusten: Husten mit Schleimauswurf.

Hydrocardia > Wassersucht.

Hydrocephalus (griech.): „Wasserkopf". Aus verschiedenen Ursachen geht Hirngewebe verloren und wird durch Flüssigkeit ersetzt.

Hydrophobia (griech.): Tollwut.

Hydropica, *Hydropisis, Hydrops* (griech.): „Wassersucht", Flüssigkeitsansammlung in Körperhöhlen, verursacht durch Herzschwäche, Nierenerkrankungen, Hungerdystrophie.

Hydrops anasarca: Wassersucht am ganzen Körper.

Hydrops ascites: Wassersucht in Beinen und Bauch.

hypochondriacum malum, *hypochondriacus adfectus* (griech., lat.) > Milzkrankheit.

Hypopyon (griech.; lat. hypopium): Eiteransammlung in der Augenvorderkammer.

I

Icterus, *Icteritia* (griech.): Gelbsucht, Hepatitis (Leberentzündung) oder andere mit Leberschädigung oder Gallenstauung einhergehende Erkrankung.

idealis morbus (lat.): Wahnvorstellungen, Schizophrenie.

ileon haematites Hippocratis (griech.): krampfartige Schmerzen bei Hämorrhoiden.

Ileus (griech.): Darmverschluß.

imago mortis (lat.): Scheintod.

impotentia virilis (lat.): Impotenz des Mannes.

impraegnata (lat.): (vor der Ehe) Geschwängerte.

impraegnatio (lat.): Schwängerung.

impraegnator (lat.): (unehelicher) Schwängerer.

incestum (lat.): Blutschande, geschlechtliche Verbindung zwischen Verwandten ersten Grades.

incubus (lat.) Angstzustand, Alptraum.

infirmitas (lat.): Schwäche, Krankheit.

inflammatio (lat.): Entzündung, Röte.

i. ventriculi: Gastritis (Magenschleimhautentzündung).

inflatio (lat.): Blähung.

Influenza (lat.): Grippe, auch andere Erkältungskrankheiten. Eine sichere Zuordnung früherer Pandemien zur Grippe ist bis zum 17. Jahrhundert nicht sicher möglich, zumal die leichteren Verläufe einer Beschreibung entgangen sein dürften.

innerlicher Jammer > Jammer.

innerliche Seuche > Seuche.

Inokulation (lat.): Pockenimpfung.

insanus (lat.): eigentlich krank, aber häufig verwendet im Sinne von wahnsinnig, geisteskrank.

insultus apoplecticus (lat.): Schlaganfall.

intermittens morbus (lat.): Krankheit mit intermittierendem (schwankendem) Verlauf.

intumescentia (lat.): Anschwellung.

inveteratus morbus (lat.): langwierige, schwer zu behandelnde Krankheit.

Ischiagra > Gicht.

Ischuria (griech.): Harnverhaltung.

J

Jammer: Krämpfe, Krampfanfallsleiden, Epilepsie.

Darmjammer: Darmkoliken.

innerlicher Jammer: Kolik.

Katzenjammer: kläglicher körperlicher (und seelischer) Zustand.

Kinnbackenjammer: Kinnbackenkrampf, tritt bei Tetanus (Wundstarrkrampf) auf.

Zahnjammer: „Zahnkrämpfe" (tetanische Zuckungen, die oft im Rahmen einer beginnenden Besserung (Beginn der Zahnung) einer Rachitis auftraten.

(St.) Jobstkrankheit: Aussatz, Lepra.

Juck: Krätze, juckender Hautausschlag.

Juckweh: Nesselfieber, Nesselsucht.

Jungfernkrankheit, *Chlorose*: Eine heute nicht mehr beobachtete Form von Anämie (Blutarmut) bei jungen Frauen, wohl bedingt durch eine Kombination von starker Menstruationsblutung, eisenarmer Ernährung und geringer Sonneneinwirkung.

K

Kaat: Krebsgeschwür.
Kachexie (griech.; lat. *cachexia*): extreme Abmagerung bei Hunger, chronischer Ernährungsstörung und zehrenden Erkrankungen > Auszehrung.
Kalte: Schüttelfrost.
kalte Lungen: Bronchitis, Lungenkatarrh.
kalter Brand > Brand.
kalter Magen: Gastritis, Magenschleimhautentzündung, Magenkatarrh.
kalter Schlag > Schlag.
kaltes Fieber > Fieber.
Kaltweh: Schüttelfrost.
Kanker: Krebs.
Beinkanker: Fußgeschwür.
roter Kanker: erstes Stadium des Noma > Brand.
schwarzer Kanker: brandiges Stadium des Noma > Brand.
Karbunkel (lat. carbunculus): mehrere ineinander übergehende Furunkel.
Kardialgie (griech.; lat. cardialgia): Magenschmerzen, Magenkrampf.
Karnüffel, *Karnöfel, Karofel*:
tumorartige Schwellungen unterschiedlichster Ursache (Leistenbruch, Hodenschwellung, Lymphknotenschwellungen in der Leistengegend).
Kinderkarnüffel: Hodenbruch beim Kind.
Nierenkarofel: schmerzhafte Hodengeschwulst.
Wasserkarnüffel: Hydrozele (Wasserbruch des Hodens).
Kartanie: Wechselfieber.
Kast: Krebsgeschwür.
Katalepsie (griech.): Starre.
Katarakt (griech.), *cataracta* (lat.), auch suffusio (lat.): grauer Star (Erblindung durch Trübung der Augenlinse).
Katarrh (griech.; lat. *catarrhus*), *Kater*: Schleimhautentzündung.
Blasenkatarrh: Blasenentzündung.
Brustkatarrh: Bronchitis.
Frühsommerkatarrh: Heuschnupfen, Heufieber.
Halskatarrh: Angina katarrhalis.
Herbstkatarrh: Frühsommerkatarrh.
Katarrhalfieber: Influenza, Grippe.

Lungenkatarrh: Bronchitis.
Magenkatarrh: Magenschleimhautentzündung, Gastritis.
nordischer Katarrh: Grippe, Influenza.
russischer Katarrh = nordischer Katarrh.

Kater > Katarrh.

Katzenjammer > Jammer.

Kaule: Geschwulst, Knoten.

Keist:
1. Sperma, Samen.
2. ausgeworfener Speichel, Schleim, Sekret.

Kelch: Kropf.

Kephalaea (griech.; lat. cephalia): langanhaltender Kopfschmerz.

Kephalalgie (griech.; lat. *cephalalgia*): Kopfschmerz.

Kerkerfieber > Fieber.

Kessen > Fieber.

Ketsen > Fieber.

Kindbett, *Mutterbett*:
1. Niederkunft, Zeit vor dem Wochenbett.
2. auch synonym verwendet für > Wochenbett.

böses Kindbett: Fehlgeburt, Abort.
unzeitiges Kindbett: Frühgeburt, auch Fehlgeburt.
Kindbetterin: Wöchnerin.
Kindbettfieber > Fieber.

Kinderanwachsen: entzündliche Verklebung zwischen Brustfell und Rippenfell bei Rippenfellentzündung.

Kinderblattern > Blattern.

Kinderhusten > Husten.

Kinderkarnüffel > Karnüffel.

Kinderpocken > Windpocken.

Kinderschwäche > Atrophie.

Kinderschwämmchen > Schwamm.

Kindersterbe > Sterbe.

Kindesnot > Not.

Kinkhoost, Kinkhusten (nordd.): Keuchhusten.

Kinnbackenjammer > Jammer.

Kitzel: Juckreiz.

Kitzelhusten > Husten.

Klamm, *Klamme, Klemm*: Krampf, vor allem bei Kindern.

1. Krampf in Armen und/oder Beinen (Frostkrampf, Schreibkrampf).
2. Krupp (Schleimhautverschwellung der Luftröhre mit Atemnot).
3. der bei Krampfzuständen entstehende klebrige Schweiß.

Brustklemme: Angina pectoris.

Herzklemme = Brustklemme.

Ohrenklamm, Ohrenklemm(e): Parotitis (Entzündung der Ohrspeicheldrüse, Mumps), Ohrgeschwür, Ohrenschmerz.

kleine Blattern > Blattern.

kleine Not > Not.

kleine Rosen > Rose.

kleiner Schelm > Schelm.

Klemme > Klamm.

Kluxen: Schlucken, Schluckauf.

Knauter, m., *Knöbel, Knebel, Kneuffel, Kneutel, Kneust u.ä.*: alte Formen für Knoten.

Kneif: (Bauch-)Kolik.

Kneuffel, *Kneust, Kneuttel* > Knauter.

Knieknoten > Knoten.

Knieschwamm > Schwamm.

Kniezipperlein > Gicht.

Knochenfraß: Knochensarkom, Knochentumor, auch Osteomyelitis (Knochenmarkseiterung).

Knollen: Knoten.

Blutknollen: Varizenknoten; Furunkel (nach früherer Vorstellung aus dem Blut abgelagert).

französische Knollen: Tophi luetici.

Gleichknollen: Podagra der (Fuß-)Glieder, Tophi arthritici.

hintere Knollen: Condylomata ani.

hitzige Knollen: Furunkulose.

innerliche Knollen: vergrößerte Gaumenmandeln.

Kontraktknollen: Gichtknoten mit verkrampfter Stellung der Fingergelenke.

Milchknollen: Milchdrüsenknoten.

Knollsucht > Sucht.

Knopf, m., *Knöpfel, Knoppel, Knop, Knup, Knoep, Knoppe, Knobbel, Knoewel*: Knoten.

Aderknöpfe: Varizen(-knoten).

Aussatzknöpfe: syphilitische Hautknoten, „Venusbeulen".

Gleichenknöpfe: Gichtknoten.

Grindknopf: schmierig-borkige Eiterung der Halslymphknoten.

Hautknöpflein: Furunkulosis.

Knieknoten: Gichtknoten an den Kniegelenken.

hintere Knöpf: Condylomata ani luetica, Gewebswucherungen am Anus bei Syphilis.

Lustknöpfe: Condylomata, Feigwarzen (Syphilis).

Knoten: Gewebsverhärtung.

Aderknoten: Varizen-(Krampfader-)knoten.

Alepoknoten: Pestbeule.

Blutaderknoten > Aderknoten.

Eiterknoten: Eiteransammlung im Unterhautgewebe.

gelber Knoten: Milzbrandknoten (gelblichfarbene Knoten durch Lymphgefäßentzündung).

Gelenkknoten: Gichtknoten.

Hals-(Gurgel-)knoten: Struma.

Milchknoten: Knoten in der Milchdrüse.

Nackenknoten: Lymphknoten im Nacken.

Ohrenknoten: äußerliche Knoten am Ohr (Parotis, Ohrspeicheldrüse).

Sehnenknoten: Überbein.

Venusknoten: syphylitischer Ausschlag, Corona veneris.

Knüttel: Beulen.

Knup > Knopf.

Koder, m. (mittelhd. koder): Auswurf.

Koegen: Lungenseuche.

Kog(e): Pest, Lungenseuche.

Kohl(e): Karbunkel, Pestbeule.

Kolik (griech.; lat. *colica*): krampfartiger Leibschmerz.

Koller:

1. Wutanfall.
2. laute Darmgeräusche.
3. Leibschmerz bei Koliken.

4. Cholera.

böser Koller: Cholera.

gallenkollerig: cholerisch.

heißer (Hitz-)Koller: akute Cholera.

genkoller: Magenkolik.

roter Koller: „rote Cholera“, Cholera mit Blutbeimengungen im Stuhl.

scharfer Koller > heißer Koller.

Koma > coma.

Kontagion, *contagio* (lat.): Ansteckung, in der Vergangenheit als Synonym für Seuche verwendet.

Kontraktknollen > Knollen.

Kontraktur: Krampf.

Koolke: Kolik, Leibschmerz.

Koortsen > Fieber.

Kopffieber > Fieber.

Kopffrais > Frais.

Kopfgicht > Gicht.

Kopfwüstigkeit: Grippe, Influenza.

Kornstaupe: Mutterkornvergiftung.

Korsen > Fieber.

Kothe: Karbunkel, Krebs.

Kotz: Eiterbeule.

Krämerkrätze > Krätze.

Krämpfe: Krämpfe sind ein Symptom unterschiedlichster Erkrankungen, die primär oder sekundär das Gehirn einbeziehen.

innerliche Krämpfe: Darmkoliken.

Kränke: Krampfanfallsleiden, Gicht.

Krätze: (heute) Hautinfektion durch Krätzmilben, früher jede mit Juckreiz verbundene Hautkrankheit, die zum Kratzen veranlaßt.

ägyptische Krätze: syphilitischer Ausschlag.

Bäckerkrätze: Ekzem.

Bartkrätze: Bartflechte.

Beißkrätze: stark juckende Krätze.

Blasenkrätze: schmerzhaftes Urinieren.

bösartige Krätze: syphilitischer Hautausschlag.

Borkenkrätze: stark verborkte Milbenkrätze.

dürre Krätze: Impetigo, jeder borkige, juckende Hautausschlag.

Gewürzkrämer-(Krämer-)krätze: (meist) allergisches Ekzem auf Gewürze und ähnliche Allergene.

nasse Krätze: nässender, borkiger Hautausschlag, nässender Impetigo.

neapolitanische Krätze: syphilitischer Hautausschlag.

schäbige Krätze: trockene Krätze.

Schneiderkrätze: eine früher nicht seltene Milbenkrätze der Schneider durch krätzmilbenverseuchte Kleidung.

Schuppenkrätze: Schuppenflechte (Psoriasis).

spanische Krätze: syphilitischer Hautausschlag.

Teerkrätze: Teerekzem.

trockene Krätze > dürre Krätze; auch trockene Lepra.

venerische Krätze: syphilitischer Hautausschlag.

veraltete Krätze: chronisches, unheilbares Hautleiden.

wilde Krätze: Hautinfektion mit nässenden Gewebsdefekten und Geschwürsbildungen.

Krampfhusten > Husten.

Krebs: Karzinom, aber auch Gewebswucherung anderer Ursache.

krebsische Ruhr > Ruhr.

Krebsübel: Krebs, Karzinom.

kreisten, *kristen* (mittelhd.): stöhnen, ächzen, (unangenehm) husten.

Brustkreisten: Brusthusten, Phthisis.

Kreisterin: gebärende Schwangere.

Kreistung: Wehe.

(ver-)kreisten (Kärnten): sterben.

Krewt (nordd.): Krebs.

Kriebelkrankheit: Mutterkornvergiftung.

Kriegsfieber > Fieber.

Krips: Grippe, Influenza.

Kropf: Vergrößerung der Schilddrüse.

krummer Hals: Schiefhals.

Krupp, *Croup* (franz.): Atembehinderung durch krankhafte Verengung der Atemwege, vorwiegend im Kehlkopfbereich. Häufig wird zwischen echtem (diphtherischem) Krupp und Pseudokrupp (meist entzündliche Schleimhautschwellung im Rahmen von Viruserkrankungen) unterschieden.

L

Lactumen, *Lactumina* (lat.): Milchschorf.
Lähmfluß > Fluß.
Lagerfieber > Fieber.
Lagunenfieber > Fieber.
Landlauf: Ruhrepidemie.
lassen, *Lässe*, f.: Aderlaß.
Laßtage > Aderlaß.
Läuseschüppen > Schübel.
Laubflecken: Nesselfieber > Flecken.
Lazarettfieber > Fieber.
(St.) Lazarus-Übel, *St. Lazarus-Krankheit* > Übel.
Leberfluß > Fluß.
Leberverhärtung: Leberzirrhose (bindegewebiger Umbau der Leber infolge chronisch-entzündlicher Erkrankungen, Stoffwechselkrankheiten, möglicherweise auch Alkoholmißbrauch, der schließlich zum völligen Zusammenbruch der Leberfunktion führen kann).
Leibesnot > Not.
Leibesschaden > Schaden.
Leibgedrang > Drang.
Leid: Krampfanfallsleiden, Epilepsie.
Leidnagel: Nagelbettentzündung.
Lendengries > Gries.
Lendenkrankheit, -siechtum:
1. Tabes dorsalis (Spätform der Syphilis).
2. Nierenkrankheit > Siechtum.

Lendensucht > Sucht.
Lendenübel: Hexenschuß, Lumbago.
Lepra > Aussatz.
lepra mutilans > Aussatz.
Lethargie (griech.): Mattigkeit im Rahmen fieberhafter Erkrankungen.
Letze:
1. übler Zustand überhaupt.
2. Folge einer Krankheit oder Verletzung.

Licklawa (ostfr.): Narbe.

Lienterie (lat. lientaria): Brechdurchfall.
Lochia (griech.): Wochenfluß.
Lues (lat.): Seuche, ansteckende Krankheit (nicht nur Syphilis!), Pest.
Lues venerea: Syphilis.
Lungenanwachsen: entzündliche Verklebung zwischen Brustfell und Rippenfell bei Rippenfellentzündung.
Lungenbrunst > Brunst.
Lungendampf > Dampf.
Lungenfieber: Lungenentzündung.
Lungenkatarrh: Bronchitis.
Lungenschlag > Schlag.
Lungensucht > Auszehrung.
Lungenübel > Übel.
Lungenwassersucht > Sucht.
Lungenwunde: Lungenabszeß, -geschwür.
Lupus, *Lupus vulgaris* (lat.), *fressende Flechte, Narbenflechte, Schwindflechte*: häufigste Form der Hauttuberkulose mit chronischem Verlauf. Die knötchenförmigen gelbbräunlichen Herde in der Haut können geschwürig zerfallen und zu ausgedehnten Zerstörungen der Haut und der darunterliegenden Gewebe führen.
Lustknöpfe > Knopf.
Lustseuche: Syphilis.
Lycantrophia (griech.): Tollwut.
Lypothymia (griech.): Ohnmacht.

M

Magenkatarrh > Katarrh.

Magenkrampf: krampfartige Schmerzen bei Magengeschwür oder Magenkrebs. Magenkrampf als Todesursache dürfte in der Regel ein durchgebrochenes Magengeschwür oder Magenkrebs bedeuten.

Magenröte > Rot.

Magenruhr > Ruhr.

Magenübel > Übel.

Magenverhärtung: Magenkrebs.

Mager: Dieser Begriff ist unter heutigen Krankheitsvorstellungen nicht mehr sicher einzuordnen. Er bezeichnet Hautkrankheiten (Flechten, Hautgeschwüre, Räude), die gleichzeitig mit Gewichtsabnahme und körperlichem Verfall einhergehen. In der Regel dürfte ein Zusammentreffen mehrerer Faktoren (schlechte körperliche Verfassung, ungünstige hygienische Lebensbedingungen, Hautinfektionen) vorliegen.

Mahr > Alp.

Maienblümchen: Sommersprossen.

Mal: Zeichen.

Malatzie, *Maledey, Maltzey*: schweres, mit Gewebezerstörung einhergehendes Leiden (z.B. Aussatz, Krebs).

Mal-Geburt: Geburt eines Kindes mit Muttermal.

malum (lat.): Krankheit, Gebrechen.

malum hypochondriacum > Milzkrankheit.

malum hystericum > Mutterweh.

malum ischiadicum: Ischias.

malum venericum: Syphilis.

Mandelbräune > Bräune.

Mandelweh: Halsentzündung, Angina tonsillaris.

Mangel: Eine die volle Leistungsfähigkeit längere Zeit oder bleibend beeinflussende, mehr subjektive Einbuße an Wohlbefinden im Gegensatz zum Schaden.

Herzmangel: Herzfehler.

Mangel an Luft > Atemnot.

mania (lat.): Geisteskrankheit, Psychose, Wahnsinn.

Marasmus (griech.): allgemeine Abmagerung > Auszehrung.

Marasmus senilis: Altersatrophie.
Markolf: Kropf, Struma.
Marter: quälender Schmerz.
Mase:
1. Hautnarbe.
2. (erhabenes) Muttermal.
3. Exanthem, Ausschlag.

angeborene Mase: Naevus, von Geburt an bestehendes Blutgefäßmal.
blutfarbene Mase: frische (gerötete) Narbe.
Brandmase: Verbrennungsnarbe.
Maselsucht: Aussatz, Syphilis, mit Knötchenbildung einhergehende Erkrankung > Sucht.
Materie, f.: in der älteren Medizin im Sinne von Masse, Substanz gebraucht.
Maulschwämmchen: Soormykose (Pilzbefall) der Mundhöhle.
Mehlmund: Soormykose (Pilzbefall) der Mundhöhle.
Mekonium, *Moeconium* (griech.): Kindspech (erste Darmentleerung des Neugeborenen, bestehend aus Darmsekret, Darmepithelien, Gallenfarbstoffen, verschlucktem Fruchtwasser u.ä.
Mehlgrand > Grand.
Melancholie (griech.): melancholisches schwermütiges Temperament (Schwarzgalligkeit im Sinne der antiken Säftelehre), auch Depression.
melliceris (lat.): Gumma, Geschwulst im tertiären Stadium der Syphilis.
Meningitis (griech.), f.: Gehirnhautentzündung.
Mensium (lat.), n.: Menstruationsblutung.
M. imminutio: schwache Menstruationsblutung.
M. decoloratio: mißfarbene Menstruationsblutung.
M. fluxus: Menstruationsblutung.
M. fluxus nimius: überstarke Menstruationsblutung.
mente captus (lat.): geistesgestört, geisteskrank, wahnsinnig; auch substantivisch verwendet (Geisteskranker).
Meuchel > Gicht.
Meuchler: Rheumatismus.
mictus cruentis (lat.): Nieren- oder Blasenblutung.
Milchborke: Milchschorf.
Milchhitze > Hitze.
Milchknollen > Knollen.

Milchknoten > Knoten.
Milchruhr > Ruhr.
Milchschelm > Schelm.
Milzbeschwerung: Druckgefühl im Oberbauch.
Milzbrand > Brand.
Milzkrankheit, *Milzsucht, Milzweh, Milzbeschwerung, malum hypochondriacum, passio hypochondriaca, hypochondriacus adfectus, morbus hypochondriacus, hypochondrisches Übel* (lat., griech.): Die Milz wurde als Sitz von Beschwerden im Bauchbereich angesehen. Die beschriebenen Symptome sind nicht ohne weiteres einem der heute abgegrenzten Krankheitsbilder zuzuordnen. Sie lassen den Verdacht auf eine hyperazide Gastritis (Magenschleimhautentzündung bei Überproduktion von Magensäure) oder auf Beschwerden bei Obstipation (Verstopfung) ebenso zu wie die Diagnose einer depressiven Verstimmung. Die Milzkrankheit galt als Erkrankung der Männer, als analoge Erkrankung der Frau wurde das > Mutterweh angesehen.
Milzpecken > Peckel.
Milzsucht > Sucht.
minderer Schlag > Schlag.
minuere (lat.): vermindern, abschwächen, zur Ader lassen.
Miserere (lat.): Koterbrechen.
Mißfall > Geburt.
Mittagsmutter > Mutter.
monatliche Blühe, *monatliche Reinigung der Weiber, Monatsblume, Monatskrankheit*: Menstruationsblutung.
Mond: Menstruation.

morbili (lat.): Masern. Die Krankheit wurde noch im Mittelalter als eine Art Pocken betrachtet und auch mit Scharlach, Fleckfieber usw. verwechselt. In der zweiten Hälfte des 17. Jahrhunderts haben die Engländer Sydenham und Morton Masern und Scharlach als eigenständige Krankheiten erkannt. Die sichere Abgrenzung erfolgte aber erst in der zweiten Hälfte des 18. Jahrhunderts.

m. ignei: hochentzündlicher, mit brennenden Schmerzen einhergehender, meist wohl allergischer Hautausschlag.

morbo apoplectico tactus (lat.): Schlaganfall.
morbus (lat.): Krankheit. Bei der Beurteilung der Krankheitsbezeichnungen muß

aber, wie bereits mehrfach ausgeführt, berücksichtigt werden, daß die Abgrenzungen nach völlig anderen Krankheitsvorstellungen erfolgten und meist rein beschreibend sind. Das führte zu völlig anderen Krankheitseinheiten, hinter denen sich die verschiedensten Krankheitsbilder verbergen können, und darüber hinaus zu zahlreichen Unterscheidungen, die lediglich auf einer Überbewertung von Symptomunterschieden beruhen > febris. Die Zuordnung im Einzelfall setzt häufig medizinische Fachkenntnisse voraus. Es kam vor, daß ein Seuchenzug, der in Einzelsymptomen auffällig war und sich in dieser Form nicht wiederholte, als eigene Krankheit beschrieben wurde. So findet sich in Zedlers Lexikon unter der Bezeichnung morbus convulsivus die Beschreibung einer Seuche, die im Herbst 1717 in der Gegend von Rendsburg auftrat. Es handelte sich um eine Krankheit, die mit Fieberschüben, Erbrechen und krampfartigen Gliederschmerzen einherging und in einem Teil der Fälle tödlich verlief. Die übrigen Kranken erholten sich nach einigen Wochen. Betroffen waren ausschließlich auf dem Feld arbeitende Personen (Bauern, Knechte, Schnitter, Mägde und an der Feldarbeit beteiligte Kinder), nicht aber die Bauersfrauen, die nur Hausarbeit verrichteten, ebenso nicht städtische Bevölkerung und Angehörige der Oberschicht. Es handelte sich wohl um eine sog. Leptospirose mit auffallend schwerem Verlauf, wahrscheinlich die Weilsche Krankheit. Leptospiren sind eine Erregergruppe, die von unterschiedlichen Tierarten, vorwiegend von Ratten (Wanderratten) und Mäusen übertragen werden. In der Regel treten nur Einzelerkrankungen oder Infektionen kleiner Personengruppen auf. Unter besonderen Bedingungen (Mäuse- oder Rattenplage bei gleichzeitiger Infektion der Tiere, feuchtes, regnerisches Wetter) kann es ausnahmsweise zu epidemieartigem Auftreten kommen.

m. acutissimus: hochakute Krankheit, die im Laufe von 3-4 Tagen abläuft und in der Regel zum Tode führt.

m. acutus: akute, in kurzer Zeit ablaufende, mit hohem Risiko einhergehende Krankheit. In der Regel verwandte man diesen Begriff für eine Erkrankungsdauer von etwa 2-3 Wochen. Mit *m. acutus ex decidentia* wurden Verläufe bezeichnet, die sich über einen etwas längeren Zeitraum (etwa 40 Tage) erstrecken. > *m. acutissimus* >*m. peracutus.*

m. animatus: Wurmkrankheit.

m. animi: psychische Erkrankung, Psychose, „Gemütskrankheit“.

m. arcuatus: Gelbsucht.

m. articularis > Arthritis.

m. astralis: Pest (Einfluß der Gestirne als Ursache angenommen).

m. atonicus, m. attonitus: Apoplexie, Schlaganfall.

m. biliosus: Gallenerkrankung.

m. caducus: Krampfanfallsleiden, Epilepsie.

m. caducus pulmonum: anfallsartige Atemnot, Asthma.

m. calidus: hitziges Fieber.

m. cardiacus: Herzentzündung, auch Magenkrampf.

m. castrensis > (Feld-)Fieber.

m. cholericus: psychische Erkrankung, Psychose, „Gemütskrankheit".

m. chronicus: chronische Krankheit.

m. comitialis, m. commensalis: Krampfanfallsleiden, Epilepsie.

m. complexus: Kombination mehrerer Krankheiten.

m. contagiosus: ansteckende Krankheit, Pest.

m. contumax: langanhaltende Krankehit.

m. convivalis: Krampfanfallsleiden, Epilepsie.

m. costalis: Rippenfellentzündung.

m. dominorum: Gicht.

m. endemius: in einer bestimmten Gegend häufig auftretende Krankheit.

m. epidemius: Epidemie, Seuche.

m. gallicus: Syphilis, französische Krankheit.

m. hereditarius: von Eltern auf die Kinder übertragene Erkrankung. Dazu wurden nicht nur erblich bedingte Erkrankungen im engeren Sinne gezählt, sondern beispielsweise auch die Syphilis.

m. Herculeus: Krampfanfallsleiden, Epilepsie.

m. Hispanicus: Syphilis.

m. Hungaricus > Hungarica febris.

m. hypochondriacus > Milzkrankheit.

m. idealis: Wahnvorstellungen, Schizophrenie.

m. ileus: Ileus, Darmverschluß.

m. in situ: Verlagerung von Organen, z.B. Leistenbruch, Gebärmutter- oder Mastdarmvorfall.

m. indicus: Syphilis.

m. intellectus: Minderbegabung, Geistesschwäche.

m. intermittens: Krankheit mit intermittierendem (schwankendem) Verlauf.

m. inveteratus: langwierige, schwer zu behandelnde Krankheit.
m. judicii: Minderbegabung, Geistesschwäche.
m. lacer: Krampfanfallsleiden, Epilepsie.
m. lunaticus: Krampfanfallsleiden, Epilepsie.
m. marinus: Seekrankheit.
m. mensalis: Krampfanfallsleiden, Epilepsie.
m. mentis: psychische Erkrankung, Psychose, „Gemütskrankheit“.
m. Neapolitanus: Syphilis.
m. nephriticus: Nierenkrankheit.
m. pandemius: Nach Zedlers Universallexikon „eine allgemeine Land- oder Stadt-Seuche, an welcher zugleich viele Leute darnieder liegen und sterben“.
m. pedicularis > Läusekrankheit.
m. peracutus: akut verlaufende, mit hohem Risiko einhergehende und in der Regel tödlich verlaufende Krankheit mit einem Verlauf von etwa einer Woche > *m. acutus, m. acutissimus.*
m. pestifer: Pest.
m. recidivus: sich wiederholende bzw. in Schüben ablaufende Erkrankung.
m. regius: Lepra, Aussatz, nach Zedlers Lexikon Gelbsucht.
m. sacer: Epilepsie, Krampfanfallsleiden.
m. solstitialis: Sonnenstich.
m. sonticus: Krampfanfallsleiden, Epilepsie.
m. spasmodicus: Mutterkornvergiftung.
m. ungaricus: > Hungarica febris.
m. virgineus > Jungfernkrankheit.

Morphaea (griech.): Aussatz, Fleck, Feuermal.

mors (lat.): Tod.
m. apparens: Scheintod.
m. repentina: plötzlicher Tod.
m. spuria: Scheintod.

morsus diaboli (lat., griech.) Teufelsbiß > Biß.

mortalitas sacra (lat.): Pest.

motus (lat.), pl. *motus*: Bewegung.
motus convulsivi: Kolik.
motus spasmatici, m. spasmodici, m. spastici, m. spasmaticos, m. tremuli: krampfartige Bauchschmerzen.

Mückele, *Mügele*: Geschwür, Eiterbeule.
Mundfäule > Scorbut.
Mundhitze > Hitze.
Mundschwämmchen: Soormykose (Pilzbefall) der Mundschleimhaut.
Mutter: Neben der heute noch üblichen Bedeutung verwendet für

1. Gebärmutter.
2. im Sinne von Schmerzen.
3. Dämon.

grimme Mutter: heftige Bauchbeschwerden, Koliken, auch bei Männern.
Mittagsmutter: weiblicher Dämon, der im Mittagsschlaf Alpträume macht.
Mutterbeschwerden > Mutterweh.
Mutterbett > Kindbett.
Mutterfieber: Kindbettfieber.
Mutterkrebs: Gebärmutterkrebs.
Mutternot > ecclampsia puerpalis.
Mutterweh, Mutterbeschwerden, malum hystericum (lat.), passio hysterica (lat.): Für die Menstruationsblutung wurde in der alten Medizin eine Reinigungsfunktion angenommen. Folgerichtig galten Unregelmäßigkeiten der Regelblutung als Ursache, nicht als Folge von Störungen körpereigener Funktionen. Wie bei der den Männern zugeschriebenen > *Milzkrankheit* sind die zugeordneten Symptome nicht krankheitsspezifisch, sondern Merkmale verschiedenster Störungen von Hormonfunktionen im weiblichen Organismus und von Symptomen anderer Erkrankungen der Frau, die mit der Funktion der Geschlechtsorgane in keinem Zusammenhang stehen.
Mutterwut > Wut.
Nachtgroßmutter (Untersteiermark): weiblicher Dämon, der nächtliche Alpträume macht.
unreine Mutter: Gebärmutter nach der Entbindung (Wochenfluß).

N

Nabelbohren > Bohren.
Nachbürde: Nachgeburt.
Nabelschwamm > Schwamm.
Nachtfertigkeit: Nachtwandeln, „Mondsüchtigkeit".
Nachtmar: Alpdruck.
Nachtschaden: Alpdruck.
Nachübel > Übel.
naevus maternus, *n. originalis* (lat.): Muttermal.
Nagel:
  1. Finger-(Zehen-)nagel.
  2. Schmerz.
  böser Nagel: Nagelbettentzündung.
  Hauptnagel: (einseitiger) Kopfschmerz, Migräne.
  Leidnagel > böser Nagel.
  Nagelblüh, Nagelblüte, Nagelblume > Blume.
nagendes Siechtum > Siechtum.
Narbenflechte > Lupus.
nascentia (lat.): Geburt.
nascentiae (lat.): Wehen.
Nasenschweiß: Nasenbluten.
nativitas (lat.): Geburt.
Nasen-Bohne: Nasenpolyp.
Natur: Veranlagung, Konstitution.
Nausea (griech.): Erbrechen, Übelkeit.
neapolitanische Krankheit: Syphilis.
Nebenbein: Ganglion.
Nervenfieber > Fieber.
Nervenschlag > Schlag.
Nesselbiß: Nesselfieber, Urticaria.
Nesselsucht > Sucht.
Nesselwurm: Bandwurm.
neue Ruhr > Ruhr.
Nierengries > Gries.
Nierenkaroffel > Karnüffel.

noctambulatio (lat.): Nachtwandeln, „Mondsüchtigkeit".
nocturna suffocatio, nocturna supressio (lat.): Alptraum.
Nösch, *Nosch*: Gicht, Rheumatismus.
Noma (griech.): Wangenbrand > Brand.
nordischer Katarrh > Influenza.
Nosch > Nösch.
Not:

1. Angstzustand, Zwang, Beklemmung.
2. schwere Krankheit (Krampfanfallsleiden).
3. die Not bei der „Geburtsarbeit" der Gebärenden.
4. Geschlechtstrieb.
5. Bedürfnis zur Stuhlentleerung („Notdurft").

Anfallsnot: Hilflosigkeit im Krampfanfall.
Atemnot: Luftmangel. Hinter der Bezeichnung A. als Todesursache können sich die unterschiedlichsten Erkrankungen verbergen (Asthma bronchiale, Herzversagen unterschiedlichster Ursache).
Herznot: Beengungsgefühl in der Herzgegend.
große Not: Krampfanfallsleiden.
Kindesnot: Preßwehen unter der Geburt.
kleine Not: Bedürfnis zu häufiger Harnentleerung bei entzündlichen Harnwegserkrankungen.
Leibesnot: Stuhldrang.
letzte Not: Todesangst.
Mutternot > ecclampsia puerpalis.
schwere Not: Krampfanfallsleiden, Epilepsie.
sterbende Not: Todesangst.
Todesnot: Todesangst.

O

obstructio (lat.): Verschluß.
o. alvi: Obstipation, Verstopfung.
o. urethrae: Verschluß der Harnröhre.
o. vesicae: Harnverhaltung.
o. viscerum: Darmverschluß.

Ochsenauge: Buphthalmus.

Odontalgia (griech.): Zahnschmerz.

Oedema pedum (griech., lat.): Fußoedeme, Wasseransammlungen in den Beinen als Folge von Herzkrankheiten, Hunger o.ä.

Ohrenfellbohren > Bohren.

Ohrenklamm > Klamm.

Ohrenknollen > Knollen.

Ohrenreißen > Reißen.

Olb, *Olf*: Dämon > Alp, Elb.

Ophthalmia (griech.): Augenentzündung.

Opisthotonus (griech.): Krampf der Rückenmuskulatur, der zu einer Rückwärtsbeugung von Rumpf und Nacken führt und typisch für Meningitis (Hirnhautentzündung, aber auch für Tetanus (Wundstarrkrampf) und Strychninvergiftung ist.

oppilatio (lat.): Verstopfung.
o. viscerum: Darmverschluß.

orbus (lat.): blind.

Orthopnoea (griech.): massive Atemnot > Asthma.

Otalgia (griech.): Ohrenschmerz.

P

Pädatrophie > Auszehrung.

palpitio cordis (lat.): Herzklopfen.

pandemius morbus (lat.): Nach Zedlers Universallexikon „eine allgemeine Land- oder Stadt-Seuche, an welcher zugleich viele Leute darnieder liegen und sterben".

papulae (lat.), pl.: Pestbeulen, Hitzebläschen.

Paracynanche > Angina.

Paralysis (griech.): Endstadium der Syphilis.

paralysis universalis (griech., lat.): Apoplexie, Schlaganfall.

Parasynanche (griech.): > Angina.

Pariser Krankheit, *parisis*: Syphilis.

paroxysmus febris > Hitze.

partus (lat.): Geburt.

passio (lat.): Leiden, Krankheit.

p. hypochondriaca > Milzkrankheit.

p. hysterica > Mutterweh.

cibalium passio: Krankheit der Verdauungsorgane.

p. cholerica: Cholera, aber auch andere heftige Durchfälle.

p. hysterica > Mutterweh.

p. iliaca: Koterbrechen.

Peckel, m. (lat. *peccare*: fehlerhaft handeln; ital. *pecca*: Fehler, Mangel): chronisch Kranker.

peckeln: ein chronisches Gebrechen haben.

peckel(haft): kränklich, gebrechlich.

Milzpecken (Steiermark): Milzstechen, Schmerzen in der Milzgegend.

peditio (lat.): Krampfanfallsleiden, Epilepsie.

Pein: heftiger Schmerz.

Peripneumonia (griech.): (Lungen- und) Brustfellentzündung.

Pest, *pestis* (lat.), *schwarzer Tod*: Infektionskrankheit, durch den Erreger Pasteurella pestis hervorgerufen und durch Rattenflöhe übertragen, raffte 1349-1351 ein Viertel der Europäer (etwa 25 Mill.) hin und trat in der Folgezeit immer wieder in großen Seuchenzügen auf. Etwa seit 1720 ist die Pest in Mittel- und Westeuropa nicht mehr endemisch.

Pestblattern: Pestbeulen.

pestis > Pest.
Petechialfieber: Fleckfieber.
Petetchen: Flecktyphus.
Pfneche: Asthma.
Pfnusel: Schnupfen.
petrae vesicae (lat.): Blasensteine.
phlebotomare (griech.): zur Ader lassen.
Phlegma: Nach der Humoralpathologie kaltes, wäßriges, zähflüssiges Sekret, dessen Beimischung zu den übrigen Körpersäften für die normale Körperwärme erforderlich ist. Ein Überwiegen des Phlegmas hat ein ruhiges Temperament mit Antriebs- und Energiearmut zur Folge.
böses Phlegma: Schleimbildung bei infektiösen Krankheiten.
Darmphlegma: chronischer Darmkatarrh bei träger Stuhlentleerung.
feuchtes Phlegma: Schleimhauterkrankung mit dünnflüssiger, wäßriger Schleimsekretion.
grünes Phlegma: galliges Schleimerbrechen.
Hauptphlegma: Schnupfen.
saures Phlegma: Magenschleim.
trockenes Phlegma: Schleimhauterkrankung mit zäher, dickflüssiger Schleimsekretion.
Phrenesia (griech.): Psychose (psychische Störung) mit Wahnideen, „Wahnsinn".
Phrenitis (griech.): Hirnentzündung.
Phtisis (griech.): Lungentuberkulose, Schwindsucht.
Piergen: Geschwulst.
Plätz, *Plaetz* > Bletz.
Plage: Seuche (Pest, Syphilis, Malaria).
Plarre > Blärr.
Plast > Blast.
Plemen: Wunde.
Plergen: Geschwür, Geschwulst.
Plethora (griech.): Bluthochdruck, „Vollblütigkeit".
Pleuritis > Peripneumonia.
Pleuritis spuria (griech., lat.): Seitenstechen.
Pleurotides: Seitenstechen.
Plötzen > Bletz.

Pneumonia, *Pneumonie, Pneumonitis* (griech.): Lungenentzündung.

pnigatium (lat.): Alptraum.

Pocken: durch das Pockenvirus hervorgerufene Seuche. Die Pocken sind wahrscheinlich erst ausgangs des Altertums aus Asien nach Europa gelangt. Erstmals wurden sie offenbar um 164 n. Chr. von den aus den Partherkriegen zurückkehrenden Truppen nach Rom gebracht. Im Mittelalter und der frühen Neuzeit haben sie in immer wieder auftretenden Seuchenzügen die Bevölkerung dezimiert. Man rechnet, daß im 18. Jahrhundert jährlich etwa 400000 Menschen in Europa an den Pocken starben. Die letzte große Epidemie 1870/73 kostete in Deutschland mehr als 181000 Menschen das Leben. Danach wurde die Krankheit durch die Pockenimpfung in ihrer Verbreitung eingeschränkt und schließlich ganz ausgerottet > Windpocken.

Brandpocke: Milzbrandpustel.

französische Pocken: Syphilis.

Heidepocken: Pemphigus neonatorum, eine mit Blasenbildung einhergehende Hautinfektion bei Neugeborenen (= ungetauften Kindern).

Hitzpocken: Hitzefrieseln.

Venuspocken: Syphilis.

Pockenfieber: (Fieber bei) Pocken.

podager (griech.): fußkrank.

Podagra > Gicht.

Pöppel > Böbbel.

pollutiones nocturnae (lat.): nächtliche Samenergüsse.

Polypus (griech.): gutartige Schleimhautgeschwulst.

Poperln > Böbbel.

Porpeln: Pocken.

Posse (frz. *la bosse*): Beule im Lendenbereich aus unterschiedlichsten Ursachen (Pestbeule, Syphilis, Leistenbruch).

welsche Possen: Drüsenschanker, Lymphdrüsenschwellung bei den spanischen Pocken (Syphilid-Pusteln).

Pottscher Brand: Vereiterung der Wirbelknochen (meist Tuberkulose).

Pottscher Buckel, *Pottsches Übel*: Verschmelzung von Wirbelknochen als Folge von Wirbelsäulentuberkulose.

praegnatio (lat.): Schwangerschaft.

Priapismus (griech., lat.): krampfartige Versteifung des männlichen Gliedes im Rahmen von Krankheiten.

procidentia ani (lat.): Mastdarmvorfall.
Prolapsus uteri (lat.). Gebärmuttervorfall.
Psora (griech.): Impetigo (Eiterflechte) mit tiefen Hautgeschwüren bei Säuglingen und Kleinkindern.
puerpera (lat.): Wochenbett.
Puerperalfieber > Fieber.
Puerperalmanie: Wochenbettpsychose.
Puerperium: Die sechs Wochen nach der Niederkunft (Wochenbett).
pulmonum constrictio (lat.): Atemnot, Asthma.
pulsatio (lat.): Ohrensausen, Ohrenklopfen bei Bluthochdruck.
punctio laterum (lat.): Seitenstechen.
purpura scorbutica (lat.) > scorbutischer Friesel.
purpurea alba (lat.): Scharlach.
pus (lat.): Eiter.
pustula (lat.): Bläschen.
Pustulae (lat.): Pocken.
Pyämie (griech.): Sepsis, Blutvergiftung.

Q

Qual: Schmerz, Bedrängnis.
Quartanfieber, *Quartanweh* > febris quartana.
(St.) **Quirinus-Marter**, *Quirinus-Rache*: Pest.

R

rabies canina (lat.): Tollwut.
Rache: gebraucht im Sinne von Rache, Strafe eines Dämonen.
brennende Rache:
1. Rotlauf.
2. (Milzbrand-)Karbunkel.

Rachenbräune > Bräune.
Rachitis (griech.) > Englische Krankheit.
Räcke, *Rähe*: Gliedersteifheit.
Rähe > Räcke.
Rätzel: Angstzustand.
rasende Wut, *Raserei* > Wut.
rasendes Fieber > Fieber.
Raude: Hautkrankheit.
ravcedo (lat.): Heiserkeit.
Reinigung:
1. Menstruation.
2. Wochenfluß.

Frauenunreinigkeit: blutiger, eitriger Lochien- oder Wochenfluß.
Geburtenreinigung: Wochenfluß.
monatliche Reinigung: Menstruation.
Reinigung der Kindebetterinen: Wochenfluß.
unreine Muttermaterie: Fluor albus.
Reißen: zerrender, wechselnder, diskontinuierlicher Schmerz.
Bauchreißen, Darmreißen: Koliken, krampfartige Bauchschmerzen.
Fußreißen > Gicht.
Gliederreißen: Gelenkschmerzen (rheumatische Erkrankungen, Gicht).
Ohrenreißen: Ohrenschmerzen.
reißende Gicht > Gicht.
Reitwolf > Wolf.
resolutio nervorum universalis (lat.): Apoplexie, Schlaganfall.
respirationis impedimentum (lat.): Atemnot, Asthma.
Rheumatismus, *Rheuma*: Der Begriff umfaßt eine ganze Anzahl meist chronisch entzündlicher Erkrankungen, deren gemeinsame Charakteristika in Lokalisation und Intensität wechselnde Schmerzzustände sowie (meist) Betroffen-

sein der Gelenke sind. Auch chronische Gelenkschmerzen anderer Ursache dürften häufig unter dieser Diagnose eingeordnet worden sein. Retrospektiv ist es in der Regel nicht mehr möglich, eine genauere Zuordnung von entsprechenden Diagnosen in historischen Unterlagen nach modernen Gesichtspunkten vorzunehmen > Fluß.

Riesel > Friesel.

risus sardonicus (griech., lat.) > Epilepsie.

Ritt, *Ritten*, m., *Ritte* f.: Ritten war noch im 17. Jahrhundert neben Fieber üblich, kam dann aber außer Gebrauch. Es bezeichnete (in der Regel heftiges) Fieber oder Schmerzen, die man sich teilweise als durch einen Dämon verursacht vorstellte. Ritten konnte auch diesen Dämon selbst bedeuten. In volksmedizinischen Begriffen teilweise noch länger erhalten > Rittung.

dreitägiger Ritten: dreitägiges Fieber, Malaria tertiana.

heißer Ritten: mit Schweißausbruch und Hitzegefühl einhergehender Fieberabfall nach dem Schüttelfrost.

Herzritten:

1. Herzbeschwerden, Angstgefühl bei Fieber.
2. Kreislaufkollaps unter Fieber.

gacher Ritten/Jahrritten: jäh auftretendes (Pest-)Fieber.

kleiner Ritten: kurzdauerndes Fieber.

närrischer Ritten: Halluzinationen (Wahnvorstellungen) bei hohem Fieber.

Rittenhitze > Hitze.

Rittung (ostpr.): Gliederreißen, Gliederschmerzen.

täglicher Ritten: eintägiges Fieber.

viertägiger Ritten > febris quartana.

Roodhund (ostfr.): Gesichtsausschlag bei Kindern.

Rose:

1. rotfarbige Teile des menschlichen und tierischen Körpers.
2. Blut (z.B. aus Wunden austretend).
3. Menses.
4. blutig-hellrotes Erbrechen.
5. Erysipel (Rotlauf), Hautinfektion durch bestimmte Erreger (Streptokokken).
6. phlegmonöse oder ähnliche Hautentzündungen.
7. sonsige mit Hautrötung- oder -schwellung einhergehende Erkrankungen.
8. rote Warzen- oder Knotenbildungen (z.B. Akne).

Blätter-(Blatter-, blatterige)Rose: bullöses (blasiges) Erysipel, Herpes zoster.
blaue Rose: Milzbrandkarbunkel.
Brandrose: gangränöses Erysipel (zerfallendes Gewebe bei Wundrose).
Brustrose: Mastitis puerpalis, eitrig-phlegmonöse Brustdrüsenentzündung der stillenden Frau, besonders in der zweiten bis sechsten Woche nach der Geburt auftretend.
dunkle Rose > blaue oder Brandrose.
falsche Rose: Dermatitis, nichtinfektiöse Hautrötung.
faulichte Rose > Brandrose.
geschwürige Rose: Geschwürbildung bei Erysipel.
Gichtrose: Hautrötung bei Gicht.
Gürtelrose > Herpes zoster.
kleine Rosen: rote Ekzemknötchen.
Weiberrose: Regelblutung, Menstruation.
weiße Rose: Erysipel mit eitrigen Hautblasen.
Wundrose: von einer offenen Wunde ausgehendes Erysipel.

Roßmucken: (große) Sommersprossen.

Rot, *Röt*, m., *Röte*, f., *Rötel*, n.:
1. Hautrötung.
2. Blut.

blutröten: Hämaturie.
böse Röte: Lupus als unheilbarer roter Knotenausschlag.
Hautröte: jede örtlich umschriebene oder flächenhaft ausgedehnte entzündliche Hautrötung.
Magenröte: hellrotes Bluterbrechen (kam nach alter Vorstellung aus dem Magen, in Wirklichkeit Lungenblutung).
rote Flecken > Flecken.
rote Frais > Frais.
rote Kindblattern > Blattern.
rote Ruhr > Ruhr.
roter Hund (Prignitz): Scharlach > Roodhund.
roter Kanker > Krebs.
Rotewehe > Ruhr.
Rothschön > Rose.
Rotlauf > Rose.

Schönröte: das rote Karbunkelgeschwür, dessen Farbe als schön angesehen wurde.

Rückenmarksauszehrung, *Rückenmarksverzehrung*: Tabes dorsalis, Rückenmarksschwindsucht, Endstadium der Syphilis.

Rückgratskrampf > Opisthotonus.

ructatio, *ructus* (lat.): heftiges Aufstoßen.

Ruhr:

1. echte Ruhr: durch bestimmte Erreger (Shigellen) hervorgerufene Durchfallserkrankung.
2. darüber hinaus jede schwerwiegendere Durchfallserkrankung.
3. Darmkoliken.
4. vermehrte Harnentleerungen.

Bauchruhr: Durchfall.

Blutruhr: Ruhr (oder sonstiger Durchfall) mit Blutbeimengungen.

Brechruhr: Cholera, aber auch heftige Brechdurchfälle anderer Ursache.

Darmruhr: Durchfall.

Eiterruhr: Entleerung eitriger Stühle.

faulige Ruhr: Entleerung aashaft stinkender Durchfälle.

Harnruhr:

1. Entleerung übergroßer Harmengen (z.B. bei Diabetes mellitus, Zuckerkrankheit).
2. Blasenlähmung.

krebsische Ruhr: Blutfluß aus dem After durch Mastdarmkrebs.

Magenruhr: Brechdurchfall.

Milchruhr: Säuglingsdurchfall.

neue Ruhr: Durchfall bei Quecksilbervergiftung.

rote Ruhr: Ruhr mit Blutbeimengungen im Stuhl.

schwarze Ruhr: sog. Teerstühle bei Magenblutung.

wäßrige Ruhr: wäßrige Durchfälle.

Zahnruhr: Durchfälle bei zahnenden Kindern.

Zuckerruhr: Zuckerkrankheit, Diabetes mellitus.

ruptura (lat.): Zerreißung, z.B. Darmriß.

russischer Katarrh > Influenza.

S

Samen:

1. Ejakulat (auch männlicher Samen im Gegensatz zum angenommenen weiblichen Samen [Semen muliebre]).
2. im Sinne von Aussaat.

gelbiger Samen: eitriges Harnröhrensekret (Gonorrhoe).

Pestsamen: der wie ein Pflanzensamen ausgestreute, sich rasch ausbreitende Krankheits-(Pest-)stoff.

verdorbener Samen: Gonorrhoe.

sanies (lat.): Eiter.

Sankt-Andreas-Krankheit > Gicht.

Sankt-Antoni-Rache > Pest.

Sankt-Cornelius-Seuche > Seuche.

Sankt-Jobst-Krankheit > Aussatz.

Sankt-Quirinus-Marter > Pest.

Scabies (griech.): Krätze.

Scarlatina (arab., ital.): Scharlach.

Schabe, *Schappe*: Krätze, Wurmkrankheit.

Schaden:

1. lähmende Verletzungs- (vor allem Schuß-)wunde.
2. sichtbare Verletzungsfolge.
3. in übertragenem Sinne: auf längere Zeit eiternde Stellen (auch ohne Verletzung), besonders im Gesicht; syphilitische Geschwüre.

Hasenschaden: Lippenspalte („Hasenscharte").

Leibesschaden: Schaden im o.g. Sinne am Körper.

Schäuerchen: Zahnkrämpfe > Dentitio difficilis.

Schanker: Geschwür bei Geschlechtskrankheiten.

harter Schanker: syphilitisches Geschwür.

weicher Schanker, Ulcus molle: Durch Geschlechtsverkehr übertragene, schmerzhafte, geschwürige Lokalinfektion.

Schappe > Schabe.

Scharbock > Scorbut.

Scharbocksfieber: fieberhafte Erkrankungen bei > Scorbut, aber auch bei unterernährten Personen.

Scharbocksfriesel > scorbutischer Friesel.

scharfe Fieber, *schnelle Fieber* > Fieber.
Scharlachfieber > Fieber.
Scharre > Krätze.
Scharte: Verstümmelung.
Schelde: Ausschlag.
Schelm: angenommene dämonische Ursache ansteckender Krankheiten mit Fieber delirium („er hat den Schelm).
alter Schelm: ein lange verborgenes Übel.
Blutschelm: Milzbrand.
böser Schelm: ein eine Seuche verursachender Krankheitsdämon.
gelber Schelm: Milzbrand.
gemeiner Schelm: häufige Todesfälle infolge einer gefährlichen allgemeinen Seuche.
großer Schelm: schwere Epidemie.
kleiner Schelm: eine bald vorübergehende Seuche.
Milchschelm: plötzliches Versiegen der Milch.
Schlacht: Ausschlag, Blattern.
Schlag: Schlaganfall, Apoplexie.
blauer Schlag: Bluterguß, Hämatom.
Ferchschlag: tödlicher Schlaganfall.
Gehirnschlag: Schlaganfall.
Gürtelschlag: sexuelle Schwäche, Impotenz infolge von Nervenlähmungen.
Herzschlag: Herzinfarkt.
Hitzschlag: Hirnhautreizung infolge von Überhitzung, Sonnenstich.
hitziger Schlag: Schlaganfall mit Gesichtsrötung (= Apoplexie).
kalter Schlag: Schlaganfall mit Minderdurchblutung der betroffenen Körperpartie.
Lungenschlag: Lungenembolie, Verschluß einer Lungenarterie durch ein Blutgerinnsel.
minderer Schlag: Zungenlähmung, Sprachstörung infolge eines Schlaganfalls.
Nervenschlag: Schlaganfall.
Schlagfluß: Schlaganfall > Fluß.
Schlagsucht: Schlaganfall > Sucht.
Schleimschlag: Lungenödem, Wasseransammlung in der Lunge infolge akuten Herzversagens, bei Grippe oder bei Reizgasvergiftung.

Wasserschlag: Hirnödem, Lungenödem.

Schleimfieber > Typhus.

Schleimhusten > Husten.

Schleimschlag > Schlag.

Schlier: eiterndes Geschwür.

Schneiderkrätze > Krätze.

Schnupfenfieber > Fieber.

Schöne > Rose.

Schratt > Alp.

Schübel, m., *Schüppeln*, pl. (althd. *scubil*): Hautschuppen, Borke, Grind, Impetigo.

Hundsschübel (-schüppel): Furunkulose.

Läuseschüppen: Schorfbildung auf dem Kopf bei Läusebefall, wobei die Schorfbildung als Krankheitsursache und die Läuse als sekundär angesehen wurden.

Schuß: plötzlich auftretender Schmerz (nach dem Volksglauben häufig durch Dämonen, Hexen o.ä. verursacht > Hexenschuß).

Alb-(Elfen-)schuß: Seitenstechen, Hexenschuß, Ischias.

Anschuß/Anriß:

1. Rotlauf.
2. plötzlich auftretender Milchschorf.

Beinschuß: Gliedersteifheit.

Hexenschuß, Lumbago (griech.): plötzlich auftretender heftiger Rückenschmerz, bedingt durch Bandscheibenvorfall.

Sonnenschuß: Sonnenstich.

Zahneinschuß: plötzlich auftretender Zahnschmerz.

Schwämmchen > Schwamm.

Schwär, m., *Geschwär*, n.: Geschwür.

Schwamm, m.: wucherndes Gewebe, Krebs, Pilz. Unter anderem wurden auch die sogenannten Kondylome oder Feigwarzen so bezeichnet, die vorwiegend im Bereich des Afters und der Geschlechtsorgane auftreten. Man unterscheidet heute sog. spitze, gestielt auf der Unterfläche aufsitzende K., die durch Sekretreiz bei den unterschiedlichsten entzündlichen Erkrankungen hervorgerufen werden, und die sog. breiten K., die für das Stadium II der Syphilis spezifisch und hochinfektiös sind.

Arschschwämme: Feigwarzen, Kondylome.

Beinschwamm: Hyperostosis, Exostose, Knochenauswuchs.
Blutschwamm: Hämangiom, Teleangiektasie, Muttermal.
bösartige(s) Schwämmchen: Stomatitis aphthosa, Mundfäule.
Fleischschwammen: Condylomata oris (Symptom bei der Syphilis der Mundhöhle).
Gliedschwamm:
1. Osteosarkom.
2. Schleimbeutelentzündung (Bursitis) am Kniegelenk.
3. Überbein.

Hirnschwamm: Hirntumor, -krebs.
Kinderschwämmchen: Aphthen.
Knieschwamm > Gliedschwamm.
Maul-, Mundschwämmchen: Soor.
Nabelschwamm: Nabelgranulom des Neugeborenen.
Zahnschwamm:

schwarze Galle > Melancholie.
schwarze Gelbsucht > Sucht.
schwarzer Kanker: Wangenbrand > Brand.
schwarze Ruhr > Ruhr.
schwarzer Star > Star.
schwarzer Tod > Pest.
Schwarzgalligkeit > Melancholie.
Schweine > Auszehrung.
Schweiß, *schweißen*:
1. schwitzen.
2. bluten.
3. auch als Krankheitsbezeichnung verwendet.

blauer Schweiß: Petechien („Skorbutflecken in Form von blau durchscheinenden Blutpunkten in der Haut" [Höfler]).
englischer Schweiß, Schweißfriesel, sodor anglicus epidemicus (lat.): In den Jahren 1486, 1507, 1518, 1529 und 1551 traten in England Epidemien einer häufig tödlichen Infektionskrankheit mit einem frieselartigen Hautausschlag auf, die 1529 auch auf Nordeuropa übergriff, seitdem aber nicht mehr beobachtet wurde. Die teilweise übliche Übersetzung von englischem Schweiß mit Fleckfieber ist nicht korrekt.
guter Schweiß: Schwitzen bei gutartig verlaufender fieberhafter Erkrankung.

Harnschweiß: Amoniakgeruch bei Urämie.
kotiger Schweiß: übelriechende Hautausdünstung.
kritischer Schweiß: Schwitzen bei Absinken des Fiebers nach der Krisis.
Nasenschweiß: Nasenbluten.
Schweißfriesel > englischer Schweiß.
Wundschweiß: Wundsekret.

schwere Not > Not.

(Ge-)Schwicht (bayer.): Schwäche, Ohnmacht.

Schwinde > Auszehrung.

Schwinden aller Glieder: Muskelschwund.

Schwindflechte > Lupus.

Schwindsucht > Auszehrung.

Schwür: Geschwür.

Schwulst > Geschwulst > Krebs.

Scirrhositas hepatis (griech.): Leberzirrhose (bindegewebiger Leberumbau bei chronischer Leberkrankheit).

Scirrhus (griech.): Krebs, meist verwendet für bösartige Tumoren mit hohem Bindegewebsanteil.
Scirrhus lienis (griech.): Milzschwellung, Milzverhärtung.

Scorbut, *Skorbut (norw.), Scharbock*: Heute ist die Skorbut definiert als eine Krankheit, die durch Mangel an Vitamin C infolge einseitiger Ernährung entsteht. Sie war besonders bei Seefahrern verbreitet, trat aber auch vor allem in den Wintermonaten in anderen Bevölkerungsgruppen auf, meist in leichterer Form. Symptome sind Mattigkeit, Gliederschmerzen, Abmagerung, gesteigerte Empfänglichkeit für Infektionskrankheiten und Blutungsneigung. Besonders auffällig sind die Veränderungen in der Mundhöhle. Das Zahnfleisch war gerötet, schmerzhaft geschwollen und leicht blutend, in fortgeschrittenen Stadien fallen die Zähne aus. Da die Ursache der Erkrankung nicht bekannt war, wurde sie nur ungenau abgegrenzt gegen Erkrankungen mit teilweise ähnlichen Symptomen, vor allem solche, die mit „Mundfäule", also einer Infektion der Mundhöhle einhergehen. Weißbach meinte, daß der Scorbut ein verderbtes und übel gemischtes Geblüt zugrunde liege. Ihm war durchaus bekannt, daß Scorbut damals eine häufige Krankheit bei Seeleuten war. Er führte sie aber auf mangelnde Bewegung (!), den Genuß von kalten und geräucherten Speisen sowie kalte und feuchte Luft zurück.
scorbutisches Fieber > Fieber.

scorbutischer Fluß > Fluß.

scorbutischer Friesel, Scharbocksfriesel, exanthema scorbutuum, purpura scorbutica: flohstichartige Hautblutungen bei Scorbut, die als Folge der durch den Vitamin-C-Mangel bedingten Blutungsneigung der Blutkapillaren entstehen.

scorbutischer Schaden > Schaden.

Scotonia (griech.): Schwindelgefühl, Ohnmacht.

Scrophuloderma (griech.) > Skrophulose.

Seche > Seich.

Sechswochenkind: Kind in den ersten sechs Wochen nach der Geburt.

Sechswöcherin > Kindbetterin.

secundinae (lat.): Nachgeburt.

Segen: Pestbeule.

Sehnenknoten: Überbein.

Sehr, *Sehrde, Sehre*:

1. Schmerz an einer offenen, verletzten oder wunden Stelle.
2. diese Stelle selbst (Geschwür, Schaden, Grind).
3. schmerzende Krankheit.

Seich, *Seiche, Seche*:

1. Harn.
2. zu starkes Wasserlassen.
3. blutiger Harn.
4. Harnanomalie überhaupt.

Bettseicher: Bettnässer.

Blutseichen: Blutentleerung aus Harnröhre oder After.

dünnes Seichen: Diabetes insipidus („Wasserharnruhr", Regulationskrankheit im Hypophysen-Zwischenhirn-System).

Eiterseich: Gonorrhoe.

Seitenstechen: Pleuritis, Brustfellentzündung.

falsches Seitenstechen: flüchtige Pleura-(Brustfell-)Reizung meist unklarer Ursache.

senium (lat.): Alterschwäche.

sensibus excessus (lat.): bewußtlos.

Seuche:

1. (früher) allgemeine Krankheit, die den ganzen Körper schwächt.
2. sich ausbreitende Infektion.

3. besonders auffällige Krankheit (z.B. Epilepsie).
Blasenseuche: Maul- und Klauenseuche.
Blutseuche: Ruhr, Milzbrand, Blut im Harn.
Brandseuche, Brotseuche: Mutterkornvergiftung.
(St.) Corneliusseuche: Krampfanfallsleiden, Epilepsie.
Drüsenseuche: Beulenpest.
Egelseuche: Leberegelerkrankung.
Erbseuche: Erbkrankheit.
flechtende Seuche: Ekzem, Hautinfektion durch Pilze oder Eitererreger.
geile Seuche: Geschlechtskrankheit.
gelbe Seuche: Gelbsucht.
hinfallende Seuche: Epilepsie, Krampfanfallsleiden.
Hurenseuche: Syphilis.
innerliche Seuche: innere Krankheit.
Seuche bei eintretenden Zähnen: Krankheiten, die früher auf den Durchbruch der Zähne bei Säuglingen und Kleinkindern zurückgeführt wurden.
ziehende Seuche: Epilepsie, Krampfanfallsleiden.
Venusseuche: Syphilis.
Weiberseuche: Menstruation.

sideratio (lat.): Apoplexie, Schlaganfall.

Siechtum, *siech, siechen, Siechheit, Siechling*:
1. allgemeine Erkrankung.
2. Erkrankung an einer bestimmten organbezogenen Krankheit.
3. Erkrankung an einer besonders häufigen Krankheit.

fallendes Siechtum: Krampfanfallsleiden, Schlaganfall.
hitziges Siechtum: fieberhafte Erkrankung.
nagendes Siechtum: fortschreitendes Geschwür.
Lendensiechtum:
1. Tabes dorsalis (Endstadium der Syphilis).
2. Nierenkrankheit.

Siechenbett: Krankenlager, Krankheit.

Singultus (lat.): Schluckauf.

Sirey: Krätze, Flechte, Krebs.

Siriasis: Sonnenstich.

Skorbut > Scorbut.

Skropheln, *Skrophelkrankheit* > Skrophulose.

Skrophulose, *scrophulosis* (lat.): Früher bei Kindern häufige Krankheit mit chronischem Schnupfen, ekzematösen oder geschwürigen Veränderungen am Naseneingang mit rüsselförmiger Verdickung der Oberlippe und chronischen Hauteiterungen im Gesicht sowie Lymphknotenschwellungen an Hals- und Nacken.

Soda: (Pest-)Geschwür, Kopfschmerz.

Soda ventriculi (lat.): Sodbrennen.

Sonnenschuß: Sonnenstich > Schuß.

Soldatenfieber, *-krankheit* > (Feld-)Fieber.

spanische Fliegen: Früher weit verbreitete Behandlung verschiedenster Krankheiten durch Auflegen stark reizender Pflaster auf die Haut. Verwendet wurden dafür sogenannte Kanthariden (getrocknete Zubereitungen des in Spanien vorkommenden Käfers Lytta vesicatoris Fabricius). Der Wirkstoff ist das Kantharin, das auf Grund seiner Reizwirkung eine starke örtliche Entzündung der Haut hervorruft. Es handelt sich dabei um ein als Derivantientherapie bezeichnetes Behandlungsprinzip, bei dem versucht wurde, Krankheiten von ihrem eigentlichen Herd durch Provozieren örtlicher Entzündungen abzuleiten. Wegen der erheblichen Nebenwirkungen, die vor allem Nieren und ableitende Harnwege betrafen, warnte Weißbach bereits Anfang des 18. Jahrhunderts vor kritikloser Anwendung.

spanische Krankheit: Syphilis.

spasmodische Krankheit: Mutterkornvergiftung.

Spasmus (griech., mittellat.): krampfartiger Schmerz.

Spasmus cynicus (griech., mittellat.), *Risus sardonicus* (lat.): Muskelstarre der Kaumuskeln als erstes Anzeichen des Tetanus (Wundstarrkrampf).

Speer: Hexenschuß.

Speiberle: Speikind.

Sperre: krampfartiger Schmerz.

Aftersperre:

1. krampfartiger Afterschmerz (Hämorrhoiden).
2. Atresia ani.

Herzsparr, -sperr, -gesperre: Angina pectoris.

spirandi difficultas (lat.): Atemnot, Asthma.

Spitalfieber > Fieber.

Star: alte, noch heute verbreitete Bezeichnung für unterschiedliche Augenleiden.

grauer Star: Trübung der Augenlinse, vorwiegend Altersstar.
grüner Star: Bezeichnung für Blindheit durch Trübung des Glaskörpers, meist infolge Erhöhung des Augeninnendruckes.
schwarzer Star: alte Bezeichnung für Blindheit ohne äußerlich nachweisbare Ursache.

Starrsucht > Sucht.

Staupe: Krankheit.

Steckfluß, *Stickfluß*: Lungenödem, Flüssigkeitsansammlung in der Lunge infolge von Herzversagen.

Stehlsucht: Kleptomanie > Sucht.

Steingries > Gries.

Steinhauerkrankheit: Silikose (Staublunge).

Steinschmerzen: Nierenkolik.

Sterbe, f., *Sterben*, n.: Epidemie.
großes Sterben: Seuche mit hoher Sterblichkeit.
Kindersterbe: Epidemie, die besonders Kinder betrifft.
kleine Sterbe: schwächere Epidemie.
Sterbensläufe: Pestepidemie.

Sterilitas mulierum (lat.): Unfruchtbarkeit der Frauen.

Stickfluß > Steckfluß.

Stickfrais, Stickfraisen > Frais.

Stickhusten: Keuchhusten.

Stigma: Brandmal, Wundmal.

stille Wut > Wut.

Stinksucht > Sucht.

Stirnenfieber > Fieber.

Stopfung > Verstopfung.

Stomacace > Scorbut.

Stomaticus morbus (griech., lat.) > Scorbut.

Strangulation (griech.): Erdrosselung.

Stranguria (griech.): Harnzwang.

Streich: Schlag, Hieb.

Struma: Kropf.

Stuch: Grippe, Rheumatismus.

stuprata (lat.): vor, außer der Ehe geschwängert.

Sucht:
1. Krankheit, Schwäche, Siechtum, besonders gebraucht für rezidivierende Erkrankungen (Angina, Katarrh).
2. akut fieberhafte seuchenartige Krankheiten.
3. schleichende chronische Erkrankungen.
4. krankhafte Begierde, Leidenschaft.

Einige dieser Bezeichnungen sind bis heute gebräuchlich (Eifersucht, Fettsucht, Freßsucht, Gelbsucht, mondsüchtig, Trunksucht).

anerbende Sucht:
1. ansteckende Krankheit.
2. angeborene Krankheit.

Atemsucht: (chron.) Atemnot.

Bauchwassersucht: Aszites (Ansammlung von Flüssigkeit in der freien Bauchhöhle durch Kreislaufstauung oder Eiweißverlust; tritt auf bei Herz-, Lungen- oder Nierenerkrankungen, bei Leberzirrhose, Bauchfellerkrankungen [z.B. Tuberkulose, Bauchfellentzündung, Karzinom]).

Beißsucht: Tollwut.

Blausucht: Zyanose.

Bleichsucht: Anämie, Blutarmut.

Brechsucht: Brechdurchfall.

Brustwassersucht: Flüssigkeitsansammlung im Brustfellraum, bedingt durch Pleuritis (Brustfellentzündung, früher häufig tuberkulös), durch Brustfellbefall bei Metastasierung bösartiger Tumoren oder durch Stauung.

Darmsucht:
1. Durchfall.
2. Darmkolik.

Darr-/Dörr-/Dürrsucht: Abmagerung.

Diebsucht: Kleptomanie, krankhafte Neigung zum Stehlen.

Durstsucht: krankhafter Durst (Dahinter kann sich beispielsweise ein Diabetes insipidus oder ein Diabetes mellitus verbergen).

Eitersucht: chronische Eiterung.

Erbsucht > anerbende Sucht.

Fallsucht > Epilepsie.

Faulwassersucht: Typhus.

Flecksucht: Fleckfieber, andere mit fleckigen Exanthemen verbundene Infektionskrankheiten.

Frauensucht: Menstruation.
Fuchssucht: Tollwut.
Gallensucht, Gallsucht: Brechdurchfall.
gelbe Sucht: Gelbsucht.
Herzsucht: (chron.) Herzkrankheit, Herzschmerz.
Herzwassersucht, Hydrocardia (griech.): Pericarderguß, Flüssigkeitsansammlung im Herzbeutel.
Lendensucht: sehr unscharfer Begriff, der Ischias, Nierenerkrankung, Lähmung, Impotenz u.ä. bedeuten kann.
Lungensucht: akute, rezidivierende und chronische Lungenerkrankung, meist Tuberkulose.
Lungenwassersucht: Lungenoedem, Flüssigkeitsansammlung in Folge von Herzversagen, auch im Rahmen von Vergiftungen oder Infektionen.
Maselsucht: Aussatz, Syphilis, mit Knötchenbildung einhergehende Erkrankungen.
Milzsucht (Hypochondrie): Begriff aus der alten Humoralpathologie. Die durch schwarzgalliges Blut verstopfte Milz ruft Melancholie hervor.
Nesselsucht: Urtikaria.
rasende Sucht: Tobsucht.
Schlagsucht: Schlaganfall.
Schwindsucht: schnell verlaufende Tuberkulose, Phthisis.
Starrsucht:
1. Katalepsie.
2. Kältestarre.
Stehlsucht: Kleptomanie.
Stinksucht: Ozäna, Stinknase.
Wassersucht: krankhafte Wasseransammlung in abhängigen Körperpartien bei Herzversagen, Eiweißmangel.
weiße Sucht: Anämie, Blutarmut.

sudor (lat.): Schweiß
sudor anglicus epidemicus: englischer Schweiß > Schweiß.
sudor letalis: Todesschweiß.

suffusio (lat.) > Katarakt.

Suppressio mensium (lat.): Ausbleiben der Regelblutung.

suppuratio (lat.): Eiter.

surdaster (lat.): schwerhörig.

Surditas (lat.): Taubheit.
surdus (lat.): taub.
Susurrus (lat.): Sausen.
susurrus aurium: Ohrensausen.
Synanche (griech.) > Angina.
Syncope (griech. Syncopa): Ohnmacht.
Synoclus (griech.): anhaltendes Fieber.
Syphilis: Geschlechtskrankheit, durch den Erreger Spirochäta pallida hervorgerufen, die wahrscheinlich bereits durch die Matrosen des Kolumbus aus Amerika eingeschleppt wurde. Sie trat erstmalig seuchenhaft bei der Belagerung Neapels durch den französischen König Karl VIII. auf und erhielt daher den Namen neapolitanische Krankheit. Die Weiterverbreitung durch die Franzosen brachte ihr den Namen französische Krankheit oder Morbus gallicus ein.

T

Tabes (lat.): Schwindsucht.

T. dorsalis: Rückenmarksschwindsucht, Endstadium der Syphilis.

T. pulmonalis, Tabes pulmonum: Lungenschwindsucht.

T. intestinalis: Darmtuberkulose.

Tabum (lat.): Eiter, Verwesung, Pest.

Tacken: Hämorrhoidenblutung.

Tannwäschel: Grippe, Influenza.

Teerkrätze: Teerekzem.

Tenesmus (griech.): schmerzhafter Stuhl- oder Harndrang.

T. ani od. alvi: durch Entzündung bedingter krampfartiger, schmerzhafter Entleerungszwang des Mastdarms bzw. des Afters.

T. vesicae: Blasenkrampf durch Entzündungen oder Behinderungen des Harnabflusses durch Fremdkörper, meist Steine.

terror leti (lat.): Todesahnung.

Tertian-Fieber > febris tertiana.

Tetanus (griech.): Muskelkrampf, heute vorrangig für Wundstarrkrampf gebräuchlich.

Teufelsbiß > Biß.

Tiefsinn: Psychose des manisch-depressiven Formenkreises.

Tinea (lat.): Impetigo (Eiterflechte) oder Ekzem bei Säuglingen und Kleinkindern.

Tinnitus aurium (lat.): Ohrgeräusche, Ohrenklingen.

Tobfieber, tobendes Fieber > Fieber.

Tolk: Wundgeschwür.

Tonsillarum inflatio (lat.): Mandelabszeß.

Torment: jede zum Tode führende Krankheit.

Tormina, *t. ventris* (lat.): Darmkoliken.

Tortio (lat.): Leibschmerzen.

Totenübel: Aussatz, Krebs.

toxicus (griech., lat.): giftig.

tribulatio (lat.): Leiden, Beschwerde, Drangsal.

Tripperknie: gonorrhoische Arthritis.

trockener Brand > Brand.

trockener Dampf > Dampf.

Trud > Alp.
Trumsel: Schwindelgefühl.
truncatio (lat.): Verstümmelung.
Tuber (lat.): Geschwulst.
Tussis (lat.): Husten.
T. convulsiva: Keuchhusten.
T. epidemica: Influenza, Grippe.
T. humida: Husten mit Auswurf.
T. sicca: trockener Husten.
Typhlitis, *Typhilis* (griech.): Appendizitis, „Blinddarmentzündung".
Typhus (griech.): Durch den Erreger Salmonalla typhi hervorgerufene Infektionskrankheit.
T. abdominalis: Unterleibstyphus.
T. bengalensis: asiatische Cholera.
T. petechialis: Fleckfieber.

U

Übel: (langandauernde oder schwere) Krankheit. Der Begriff taucht in diesem Sinne im Zusammenhang mit praktisch jedem Organ auf (Herzübel: chronische Herzkrankheit; Hörübel: Schwerhörigkeit; Krebsübel: Krebs), ohne daß eine weitergehende Zuordnung möglich wäre.
abzehrendes Magenübel: Magenkrebs.
Augenübel: chronische Augenkrankheit.
Fallübel, fallendes Übel: Krampfanfallsleiden.
Hungerübel: Hungertyphus.
hypochondrisches Übel > Milzkrankheit.
(St.) Lazarusübel:
1. Lepra.
2. jede bösartige Geschwürsbildung.
Lendenübel: Lumbago.
Lungenübel: chronische Lungenkrankheit.
Magenübel: chronische Magenkrankheit.
Nachübel: ein nach einer früheren akuten Erkrankung zurückgebliebenes Leiden.
Pottsches Übel: Pottscher Buckel (Wirbelsäulenverkrümmung durch Zusammenbruch von Wirbelkörpern infolge von Tuberkulose, Osteomyelits u.ä.
übler Mund: Stomatitis, Mundfäule.
übles Jahr: Karbunkel, Augenkrebs.
venerisches Übel: Syphilis.

Ulcus, *ulceratio* (lat.): Geschwür.
U. stomachi: Magengeschwür.

unartige Geburt: Fehlgeburt.

ungarische Krankheit > Hungarica febris.

unheilbarer Blutfluß > Fluß.

unsinniges Fieber > Fieber.

Unterleibstyphus > Typhus.

Unterleibsschwindsucht: Bauchtuberkulose > Auszehrung.

unzeitige, unzeitliche Geburt: Fehlgeburt.

unzeitiges Kindbett > Kindbett.

Urschlächten: alte Bezeichnung für Infektionskrankheiten mit Hautaffektionen (besonders Pocken, aber auch Masern, Röteln, Windpocken u.ä.).

ustio (lat.): Entzündung, Brennen.

V

Vaccina, *Vaccina variola* (lat.): Kuhblatter, Kuhpocke.
Vacinella: Windpocke (falsche, unechte Kuhpocke).
varicosus (lat.): mit Krampfadern behaftet.
Varicum manatio (lat.): Blutung aus Krampfadern.
Variola vera, *Variolae* (lat.): Pocken.
Veitstanz > Epilepsie.
Venae sectio (lat.): Aderlaß.
venerische Krankheit: Geschlechtskrankheit.
venerische Krätze: syphilitischer Hautausschlag.
Venusbeulen syphilitische Hautknoten.
Venusblüte, *Venusblümchen, Venusblume* > Blüte.
Venusknoten > Knoten.
Venuspocken: syphilitischer Hautausschlag.
Venusseuche: Syphilis.
verblenden, *verblinden*: erblinden.
Verblendung: Sinnestäuschung.
(alte) **Verböllungen** (Schwaben): narbige Schwellungen nach alten Verletzungen an Knochen, Sehnen, Muskeln und Gelenken.
Vergicht > Epilepsie.
Verhärtung der Leber: Leberzirrhose, bindegewebiger Umbau der Leber mit Funktionsverlust.
Verjauchungsfieber > Fieber.
vermes (lat.): Würmer.
Verstopfung: Obstipation, Darmträgheit. Wird dieser Begriff als Todesursache angegeben, handelt es sich um einen Ileus (Darmverschluß, Darmlähmung).
vertigo (lat.): Schwindelgefühl.
verwerfliche Geburt: Fehlgeburt.
verzehrende Krankheit, *Verzehrung* > Auszehrung.
vesania (lat.): Wahnsinn.
vesicae petrae (lat.): Blasensteine.
veternus (lat.): Schlafsucht.
Viscera (lat.): Eingeweide.
Vollblütigkeit: Bluthochdruck.

vomica (lat.): Geschwür, Eiterbeule, Pestbeule.
v. pulmonum (lat.): Lungengeschwür.

vomitus (lat.): Erbrechen.
v. cruentus: Bluterbrechen.

W

wäßrige Ruhr > Ruhr.
Wangenbrand > Brand.
Wasserblästen > Blast.
Wasserfurcht: Tollwut.
Wasserharnruhr > Seich.
Wasserkarnüffel > Karnüffel.
Wassergalle: Ausschlag.
Wasserkopf: Hydrozephalus, Flüssigkeitsansammlung im Hirnschädel, bedingt durch Verlust von Hirnsubstanz oder Liquor-(Hirnwasser-)stauung.
Wasserschlag > Schlag.
Wassersucht > Sucht.
Wechselfieber: in der Intensität wechselndes Fieber > febris.
Weh: Erkrankung, Schmerz.
Gliederweh: Rheumatismus.
heiliges Weh: Epilepsie, Krampfanfallsleiden.
Juckweh: Nesselfieber, Nesselsucht.
kaltes Weh: Schüttelfrost.
Mandelweh: Angina tonsillaris, Halsentzündung.
Quartanweh: viertägiges Fieber, Malaria.
umgehendes Halsweh: Diphtherie.
Weiberblume > Blüte.
Weiberrose > Rose.
Weiberseuche > Seuche.
weißer Friesel > Friesel.
weiße Rose > Rose.
weiße Sucht > Sucht.
weißer Fluß: Ruhr > Fluß.
Winde, f., *Winden*, n.: Schmerzgefühl.
Harnwinden: Blasenentzündung.
Windpocken: Die Abgrenzung der Windpocken von den echten Pocken erfolgte erst 1767 durch Heberden. Vorher wurden beide immer wieder verwechselt. Die Bezeichnung *Kinderpocken* kann daher sowohl echte Pocken als auch Windpocken bedeuten.
Wöchnerin: Frau in den ersten sechs Wochen nach der Niederkunft.

Wöchnerinnenfriesel > Friesel.
Wochenbett: Die sechs Wochen nach der Niederkunft (Puerperium).
Wochentölpel, *Wochendippel*: an Mumps (der meist nach einer Woche wieder abgeklungen ist) Erkrankter.
Wolf: offene, wunde Hautstelle.
Afterwolf: Intertrigo.
Bauchwolf: Herpes zoster.
Reitwolf/Schenkelwolf: Intertrigo (Wundsein) beim Reiten.
Würgeengel: Pest.
Wunde: Verletzung.
böse Wunde: komplizierte, infizierte Wunde.
geborstene Wunde: aufgebrochenes Geschwür.
Lungenwunde: Lungenabszeß, -geschwür.
rosende Wunde: Erysipel.
Wundrose > Rose.
Wundschweiß: Wundsekret.
Wundergeburt: fehlgebildetes Kind.
Wurm: Viele Erkrankungen wurden Würmern zugeschrieben.
fegender Wurm: Made im Wurmeiter, die als reinigend angesehen wurde.
Fingerwurm: Panaritium (wegen des klopfenden Schmerzes einem Wurm zugeschrieben).
Gichtwurm: der bei der Gicht in den Knochen (wie ein Wurm) nagende Schmerz.
Gürtelwurm: Gürtelrose.
Herzwurm: Sodbrennen.
Wurmfieber: Darmkatarrh, Typhus > Fieber.
Zadelwurm: Appetitlosigkeit (ein am Menschen nagender, Appetitlosigkeit verursachende Wurm) > Zadel.
Wut:
1. Geisteskrankheit, Erregtheit.
2. Epilepsie.
3. Tollwut.

Brandwut: Milzbrand.
hitzige Wut: Tollwut.
Mutterwut: Nymphomanie, zügelloser Drang nach geschlechtlicher Vereinigung bei Frauen.

rasende Wut: aggressive Form der Tollwut.
stille Wut: passive Form der Tollwut.
Wutkrankheit: Tollwut.

Z

Zadel: Mangel, Gebrechen.

Zadelwurm > Wurm.

Zähneegel > Egel.

Zahnarbeit, *Zahnen*: Durchbruch der Zähne, früher häufig als Krankheitsursache bei Säuglingen angesehen.

Zahneinschuß > Schuß.

Zahnfieber > Fieber.

Zahnfrais > Frais.

Zahnjammer > Jammer.

Zahnruhr > Ruhr.

Zahnschwamm > Schwamm.

Zehrfieber, zehrendes Fieber > Fieber.

Zehrmilbe: zehrende Hautkrankheit.

Zerren: zerrender Schmerz.

ziehende Seuche: Epilepsie, Krampfanfallsleiden > Seuche.

Zipperlein > Gicht.

Zips: Grippe, Influenza.

Zornkrankheit: Tollwut.

Zuckerruhr > Ruhr.

zurückgetretener Schnupfen: Nasennebenhöhlenentzündung; als Todesursache vermutlich Hirnhautentzündung infolge Eiterdurchbruchs in die Schädelhöhle.

Zwang: Durchfall.

Literatur

1. Becher, J., Lindner, A., Schulze, P.: Lateinisch-griechischer Wortschatz in der Medizin, Berlin 1986.
2. Eckart, W.: Geschichte der Medizin, Berlin usw. 1990.
3. Fischer-Homberger, E.: Geschichte der Medizin, Berlin - Heidelberg - New York 1977.
4. Georges, K.-E.: Ausführliches lateinisch-deutsches Handwörterbuch. 8. Aufl. bearbeitet von Heinrich Georges (Nachdruck), 2 Bde., Hannover 1988.
5. Gsell, O., Mohr, W. (Hrsg.): Infektionskrankheiten. In vier Bänden, Berlin - Heidelberg - New York 1967/72.
6. Habel, E., Gröbel, F.: Mittellateinisches Glossar, unveränderter Nachdruck der 2. Aufl., Paderborn - München - Wien - Zürich 1989.
7. Höfler, M.: Deutsches Krankheitsnamen-Buch, München 1899.
8. Kaiser, W.: In memoriam Johann Juncker (1679-1759). In: Kaiser, W. und Hübner, H. (Hrsg.): Hallisches Juncker-Symposium 1979. Wiss. Beitr. Martin-Luther-Universität Halle-Wittenberg 1979/29, S.7-28.
9. Müller, R.: Medizinische Mikrobiologie, München, Berlin 1950.
10. Massini, R., Baur, H.: Infektionskrankheiten. Handbuch der Inneren Medizin Bd. I/1, S. 343-440, Berlin - Göttingen - New York 1952.
11. Schaldach, H. (Hrsg.): Wörterbuch der Medizin, Berlin 1980.
12. Schneble, J.: Krankheit der ungezählten Namen, Bern - Stuttgart - Toronto 1987.
13. Seidler, E.: Louis XIV., Sonnenkönig im Schatten der Medizin, Therapie des Monats 12, 251-258 (1962).
14. Seilkopf, H.J.: Die Auswertung von Einträgen der Todesfälle und der Todesursachen in den Kirchenbüchern, Marktschellenberg 1939 (Praktikum für den Familienforscher, Heft 30).
15. Verdenhalven, F.: Familienkundliches Wörterbuch. 3. Aufl., Neustadt/Aisch 1992.
16. Weidler, W. und Grun, P.A. unter Mitarb. von K.H. Lampe: Latein für den Sippenforscher, Görlitz 1939.
17. Weißbach, Ch.: Warhaffte und gründliche Chur Aller dem Menschlichen Leibe zustossenden Kranckheiten. Nach der Vernünfftigen und unverrückten Methode der Natur samt einem Physico-moralischen Vorbericht von dem Menschlichen Leibe und der darin würckenden Seele entworfen und mit vielen Medicamentis specifisch versehen. Straßburg 1725.
18. Grosses vollständiges Universal-Lexicon aller Wissenschaften und Künste, ..., 63 Bde., verlegt von Johann Heinrich Zedler, Halle und Leipzig 1732-1750.

Für die Sammlung von Stichworten durchgesehene Kirchenbücher:
Bündorf, Kr. Merseburg 1795-1824
Kriegstädt, Kr. Merseburg 1801-1854
Lodersleben, Kr. Querfurt 1778-1859